"十三五"江苏省高等学校重点教材
普通高等教育"十三五"汽车类规划教材

汽车底盘拆装与创新思维训练

郑燕萍　朱　平　梁　晨　编著

机械工业出版社

本书为"十三五"江苏省高等学校重点教材、普通高等教育"十三五"汽车类规划教材。本书将创新思维训练融入到汽车底盘的拆装实践教学环节中。同时，可利用手机移动终端，通过扫描二维码的方式，实现汽车总成工作原理、部分教学PPT和典型结构拆装视频的观看。本书便于读者自主学习，并能满足拆装实习的数字化教学需要。

本书共九章，第一章概述了汽车底盘及其拆装的基础知识，第二章概述了创新思维及其素质训练的理论基础，第三章至第九章分别概述了汽车传动系统中的离合器、变速器、万向传动装置、驱动桥以及汽车的行驶系统、转向系统、制动系统的相关结构理论知识，阐述了各系统和总成典型结构的装配关系、工作原理和正确的拆装方法。在每章中的最后部分介绍了关于创新思维的一般知识、方法、规则等，针对发散思维、逆向思维、联想思维、类比思维、还原思维、系统思维和组合思维几种主要的创新思维方式，结合拆装对象，通过课堂讨论、实习作业及课后训练题进行创新思维素质训练，培养人的创新思维能力。

本书配备典型结构拆装教学视频光盘，仅赠送给将本书作为教学用书的教师，可发送Email：tian.lee9913@163.com索取。同时也将典型结构拆装视频和部分教学PPT生成了二维码，读者通过手机扫描即可观看。

本书可作为高等院校汽车类专业的实践教学教材，也可作为高职高专、成教、自考等汽车类专业的参考教材，还可供具有汽车构造理论基础的汽车检修人员及驾驶人参考。

图书在版编目（CIP）数据

汽车底盘拆装与创新思维训练/郑燕萍，朱平，梁晨编著．—北京：机械工业出版社，2017.12（2023.7重印）

"十三五"江苏省高等学校重点教材 普通高等教育"十三五"汽车类规划教材

ISBN 978-7-111-58941-9

Ⅰ.①汽… Ⅱ.①郑… ②朱… ③梁… Ⅲ.①汽车-底盘-装配（机械）-高等学校-教材②创造性思维-思维训练-高等学校-教材 Ⅳ.①U463.1②B804.4

中国版本图书馆CIP数据核字（2018）第021340号

机械工业出版社（北京市百万庄大街22号 邮政编码100037）
策划编辑：宋学敏 责任编辑：宋学敏 段晓雅
责任校对：张 薇 封面设计：张 静
责任印制：单爱军
北京虎彩文化传播有限公司印刷
2023年7月第1版第4次印刷
184mm×260mm・11印张・265千字
标准书号：ISBN 978-7-111-58941-9
定价：29.80元

电话服务 网络服务
客服电话：010-88361066 机 工 官 网：www.cmpbook.com
 010-88379833 机 工 官 博：weibo.com/cmp1952
 010-68326294 金 书 网：www.golden-book.com
封底无防伪标均为盗版 机工教育服务网：www.cmpedu.com

前　言

  本书为"十三五"江苏省高等学校重点教材、普通高等教育"十三五"汽车类规划教材。本书将创新思维训练融入到汽车底盘的拆装实践教学环节中。同时，可利用手机移动终端，通过扫描二维码的方式，实现汽车总成工作原理、部分教学PPT和典型结构拆装视频的观看。本书便于读者自主学习，并能满足拆装实习的数字化教学需要。

  本书的编写思路，是在学习汽车各系统和总成结构拆装前，先了解其对应结构的相关理论，巩固汽车构造理论知识，建立对汽车构造的整体系统的认识；再结合拆装对象阐述汽车的典型结构的装配关系、工作原理和拆装过程。编者将典型结构的拆装过程制作成视频资料，并将视频和部分教学PPT制作成二维码，读者通过手机扫描二维码即可观看，并可反复播放自主学习。

  近年来，为了适应我国创新型国家建设的需要，高等学校日益重视学生实践能力和创新能力的培养。我们编写的《汽车底盘拆装与创新思维训练》这本教材，希望将创新思维训练融入到汽车构造拆装实习教学活动中。创新思维不局限于某门课程，每门课程都应该进行创新思维的训练，创新思维也不局限于学习活动，在我们的工作和生活的方方面面，都需要创新和创新思维，也都可以开展创新活动。在汽车底盘拆装的教学中进行创新思维素质的训练只是一个尝试和导向。在本书的第二章及之后每章的最后部分介绍了关于创新思维的一般知识、方法、规则等，针对几种常见的创新思维方式，结合拆装对象，通过课堂讨论、布置实习作业和自我训练等方式对学生的创新思维进行训练。同时，结合汽车底盘结构拆装内容和知识特点，本书中贯穿了被广泛应用和普遍认可的思维导图法和头脑风暴法的训练，强化两种思维训练方法的使用，便于学生掌握从事创新活动的基础知识、具备从事创新活动的基本素质，达到提高创新思维能力的目的。

  汽车结构复杂，类型繁多，虽然各系统和总成的结构形式不同，但功能要求相同。本书编写时，根据吉林大学陈家瑞主编的《汽车构造》（第3版）（机械工业出版社出版）教材内容体系，选择桑塔纳2000轿车作为典型结构实例（当需考虑不同总成结构形式时，辅助选择在东风或解放货车上采用的结构），以期读者在了解汽车结构一般规律的基础上，能够取得举一反三、触类旁通的效果。

  书中汽车构造零部件名称、专业术语与《汽车构造》（第3版）理论教材一致，撰写符合国家相关标准和规范的要求，并力求做到文字表述简练流畅，插图正确，文图配合恰当。

  本书由南京林业大学郑燕萍教授、安徽师范大学朱平教授和江苏大学梁晨副教授编著，由江苏大学王若平教授主审。本书的编写分工为：第一章，第三章第一、二节，第四章第一、二节，第五章第一、二节，第六章第一、二节由郑燕萍编写；第七章第一、二节，第八章第一、二节，第九章第一、二节由梁晨编写；其他部分由朱平编写。全书由郑燕萍统稿。南京恒力汽车修理有限责任公司的纪小生厂长为本书制作了典型结构的拆装视频，针对汽车总成结构的拆装步骤提出了宝贵的意见。南京林业大学的佘亚楠老师参与了资料收集和视频整理工作，万茂松老师参与编写了拆装实习过程中的创新思维课堂训练和自我训练题目。

  编者感谢南京林业大学教务处"教学质量提升工程"建设项目和实验室与基地建设管理处在教材编写过程中给予的经费支持，感谢王若平教授提出的宝贵建议，感谢纪小生厂长、佘亚楠老师和万茂松老师的辛勤付出，感谢南京林业大学汽车与交通工程学院闵永军、马健霄、徐晓美等老师对编写工作所提出的有益建议，感谢南京林业大学车辆工程学科组的研究生孙伟明、王昕灿、肖峰、昌诚程和西交利物浦大学金融数学专业的本科生沈思琳在本书图片和视频处理过程中给予的帮助，感谢本书参考文献的所有编著者。

  鉴于编者水平有限，书中不足或误漏之处在所难免，衷心希望广大读者批评指正，使本书不断完善和提高。

编 者

目 录

前　言

第一章　概述 …………………………………… 1
　　第一节　汽车底盘概述 ……………………… 1
　　第二节　汽车拆装的基础知识 …………… 10

第二章　创新思维及其素质训练 ………… 21
　　第一节　思维与创新思维 ………………… 21
　　第二节　创新思维的素质要求及其训练 … 27

第三章　离合器拆装与创新思维训练 …… 42
　　第一节　离合器概述 ……………………… 42
　　第二节　离合器的拆装 …………………… 44
　　创新思维　发散思维 ……………………… 53
　　创新思维训练 ……………………………… 56

第四章　变速器拆装与创新思维训练 …… 57
　　第一节　变速器概述 ……………………… 57
　　第二节　两轴式变速器传动机构的拆装 … 58
　　第三节　三轴式变速器传动机构的拆装 … 70
　　第四节　变速器操纵机构的拆装 ………… 76
　　创新思维　逆向思维 ……………………… 83
　　创新思维训练 ……………………………… 85

第五章　万向传动装置拆装与创
　　　　　新思维训练 ……………………… 86
　　第一节　万向传动装置概述 ……………… 86
　　第二节　万向传动装置的拆装 …………… 89
　　创新思维　联想思维 ……………………… 98
　　创新思维训练 ……………………………… 100

第六章　驱动桥拆装与创新思维训练 …… 102
　　第一节　驱动桥概述 ……………………… 102
　　第二节　驱动桥的拆装 …………………… 105
　　创新思维　类比思维 ……………………… 117
　　创新思维训练 ……………………………… 119

第七章　汽车行驶系统拆装与创新
　　　　　思维训练 ………………………… 120
　　第一节　汽车行驶系统概述 ……………… 120
　　第二节　行驶系统的拆装 ………………… 121
　　创新思维　还原思维 ……………………… 129
　　创新思维训练 ……………………………… 131

第八章　汽车转向系统拆装与创新
　　　　　思维训练 ………………………… 133
　　第一节　汽车转向系统概述 ……………… 133
　　第二节　转向器的拆装 …………………… 134
　　创新思维　系统思维 ……………………… 147
　　创新思维训练 ……………………………… 151

第九章　汽车制动系统拆装与创新
　　　　　思维训练 ………………………… 153
　　第一节　汽车制动系统概述 ……………… 153
　　第二节　汽车制动系统的拆装 …………… 155
　　创新思维　组合思维 ……………………… 166
　　创新思维训练 ……………………………… 168

参考文献 ………………………………………… 170

第一章

概　　述

第一节　汽车底盘概述

一、汽车底盘的组成和功用

汽车底盘通常由传动系统、行驶系统、转向系统和制动系统四部分组成，其功用是接受和传递发动机的动力，使汽车产生运动，并保证汽车按照驾驶人的操纵正常行驶。典型的汽车底盘结构如图 1-1 所示。

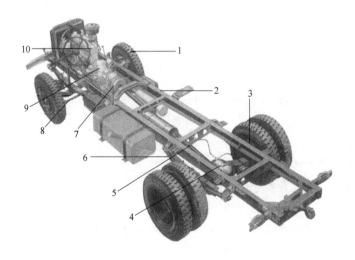

图 1-1　典型的汽车底盘结构

1—前轮　2—车架　3—后轮制动器　4—驱动桥　5—传动轴　6—后悬架　7—变速器
8—转向传动机构　9—离合器　10—转向盘

二、汽车传动系统

1. 传动系统的功用和组成

汽车传动系统是位于发动机和驱动车轮之间的动力传动装置，其**基本功用是将发动机发出的动力传递给驱动车轮，以保证汽车在各种使用条件下正常行驶所需的驱动力与车速，使汽车具有良好的动力性和经济性**。

汽车传动系统的组成及其布置形式取决于发动机的类型、汽车总体结构、行驶系统和传动系统本身的结构，并与汽车的用途有关。目前广泛应用于普通双轴货车上的机械式传动系统的组成及其布置形式如图 1-2 所示。发动机发出的动力依次经过离合器 1、变速器 2、万向传动装置（万向节 3 和传动轴 7）、驱动桥（主减速器 6、差速器 4、半轴 5、桥壳），最后传到驱动车轮。现代轿车中采用自动变速器的越来越多，自动变速器取代了离合器和手动变速器；而一般越野汽车，还应包括分动器。

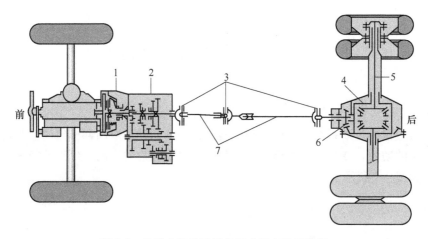

图 1-2　机械式传动系统的组成及布置示意图
1—离合器　2—变速器　3—万向节　4—差速器　5—半轴
6—主减速器　7—传动轴

任何形式的传动系统都必须具有以下功能：
1）实现减速增矩和变速。
2）实现汽车倒车。
3）必要时中断动力传递。
4）使两侧驱动车轮具有差速作用。
5）实现动力的传递和运动的协调。

根据系统中传动元件的特征，汽车传动系统可分为机械式、液力式和电力式等类型，广泛应用的是机械式传动系统。

2. 机械式传动系统的布置形式

为满足不同的使用要求，汽车底盘的总体构造和布置形式可以采用不同方案。按发动机和各个总成的相对位置不同，一般有发动机前置后轮驱动（FR）、发动机前置前轮驱动（FF）、发动机后置后轮驱动（RR）、发动机中置后轮驱动（MR）和全轮驱动（nWD）等形式，如图1-3所示。

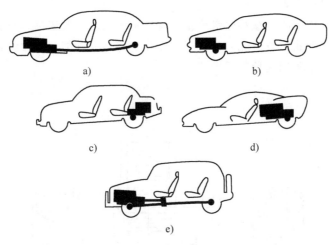

图1-3　汽车底盘的五种布置形式
a) FR式　b) FF式　c) RR式　d) MR式　e) nWD式

（1）**发动机前置后轮驱动的FR形式**　FR形式是一种传统的布置形式，结构如图1-2所示。大多数货车、部分轿车和部分客车采用这种形式。这种形式具有维修发动机方便，离合器、变速器的操纵机构简单，前、后轮的轴荷分配比较合理等优点；其缺点是传动轴较长，这不仅增加了整车质量，而且影响了传动系统的效率。

（2）**发动机前置前轮驱动的FF形式**　FF形式是轿车上常采用的布置形式，根据发动机布置的方向可以分为发动机前横置前轮驱动和发动机前纵置前轮驱动，结构分别如图1-4

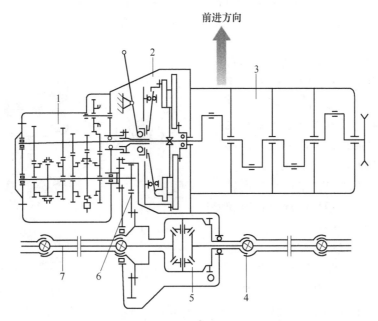

图1-4　发动机前横置前轮驱动的传动系统示意图
1—变速器　2—离合器　3—发动机　4—万向节　5—差速器　6—主减速器　7—传动轴

和图1-5所示。常见发动机前横置前轮驱动的轿车有本田雅阁、雪佛兰赛欧、宝来、别克凯越等，而常见发动机前纵置前轮驱动的轿车有桑塔纳、奥迪、帕萨特、本田极品等。发动机前置前轮驱动具有结构紧凑、减小底盘质量、降低地板高度、改善高速行驶时的操纵稳定性等优点。但这种布置形式爬坡性能差，由于前轮驱动兼转向功能，导致结构复杂、工作条件恶劣。豪华轿车一般不采用这种布置形式。

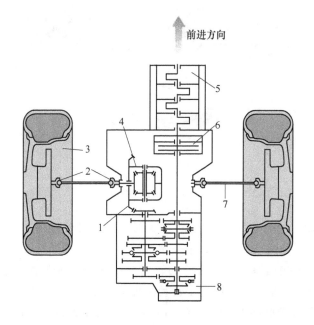

图1-5　发动机前纵置前轮驱动的传动系统示意图
1—主减速器　2—万向节　3—前轮　4—差速器　5—发动机
6—离合器　7—传动轴　8—变速器

（3）发动机后置后轮驱动的RR形式　RR形式是目前大、中型客车常采用的布置形式，结构如图1-6所示。发动机后置后轮驱动具有驾驶室内发动机噪声低、动力总成结构紧凑、汽车前部的高度低、驾驶人视野好等优点，缺点是后桥负荷重，可能使汽车产生过度转向，发动机冷却条件不良，行李箱容积不够大。

（4）发动机中置后轮驱动的MR形式　MR形式是目前大多数跑车及方程式赛车所采用的形式，部分大、中型客车也采用这种布置形式，结构如图1-7所示。这种布置形式将发动机布置在前、后车轴之间，有利于获得最佳轴荷

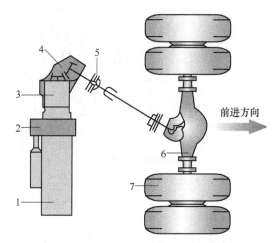

图1-6　发动机后置后轮驱动的传动系统示意图
1—发动机　2—离合器　3—变速器　4—角传动装置
5—万向传动装置　6—驱动桥　7—后轮

分配和提高汽车的性能，缺点是发动机占用了驾驶室的空间，降低了其空间利用率和实用性。

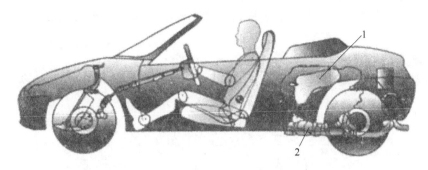

图 1-7　发动机中置后轮驱动的传动系统示意图
1—发动机　2—传动系统

（5）全轮驱动的 nWD 形式　nWD 形式是越野汽车特有的形式，n 是指驱动车轮总数。通常发动机前置，在变速器后面装有分动器，以便将动力分别输送到全部车轮上，以获得尽可能大的驱动力，提高汽车的通过性，4WD 汽车的传动系统示意图如图 1-8 所示。

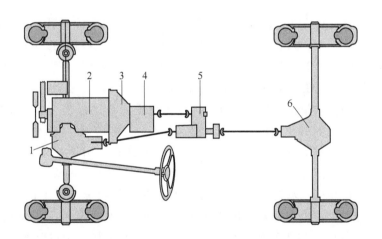

图 1-8　4WD 汽车的传动系统示意图
1—前驱动桥　2—发动机　3—离合器　4—变速器　5—分动器　6—后驱动桥

三、汽车行驶系统

1. 行驶系统的功用和分类

汽车行驶系统的功用是支承全车并保证车辆正常行驶。其基本功能是：

1) 接受由发动机经传动系统传来的转矩，并通过驱动轮与路面间的附着作用，产生路面对驱动轮的驱动力，以保证汽车正常行驶。

2) 支承全车，传递并承受路面作用于车轮上各向反力及其所形成的力矩。

3) 尽可能缓和不平路面对车身造成的冲击，并衰减其振动，保证汽车行驶平顺性。

4) 与转向系统协调配合工作，实现汽车行驶方向的正确控制，以保证汽车操纵稳定性。

汽车行驶系统的组成和结构形式,在很大程度上取决于汽车经常行驶路面的性质。常见的汽车行驶系统有轮式、半履带式、全履带式和车轮-履带式等,但应用最为广泛的是轮式行驶系统。

2. 轮式行驶系统

轮式行驶系统一般由车架、车桥、车轮和悬架组成,其系统简图如图 1-9 所示。

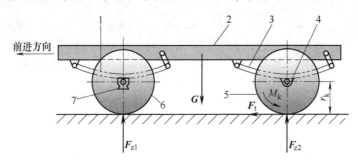

图 1-9 轮式汽车行驶系统的组成及部分受力情况
1—前悬架 2—车架 3—后悬架 4—驱动桥 5—后轮 6—前轮 7—从动桥

车架 2 是全车的装配基体,它将汽车的各相关总成连接成一个整体,前、后车轮分别支承着从动桥 7 和驱动桥 4。为减少车辆在不平路面上行驶时车身所受到的冲击和振动,车桥又通过前悬架 1 和后悬架 3 与车架连接。在某些没有整体式车桥的行驶系统中,两侧车轮的车轴可分别通过各自的弹性悬架与车架连接,即所谓独立悬架。

汽车行驶系统的受力情况如图 1-9 所示,汽车总重力 G 通过前、后车轮传到地面,引起地面分别作用于前轮和后轮上的垂直反力 F_{z1} 和 F_{z2}。当驱动桥中半轴将驱动转矩 M_k 传到驱动后轮上时,通过路面和车轮的附着作用,产生路面作用于驱动轮边缘上的向前纵向反力,即驱动力 F_t。F_t 的一部分用以克服驱动轮本身所承受的滚动阻力,其余大部分则依次通过驱动桥的桥壳、后悬架传到车架,用来克服作用于汽车上的空气阻力和坡道阻力;还有一部分驱动力由车架经过前悬架传至从动桥,使前轮克服滚动阻力向前滚动,于是整个汽车向前行驶。如果行驶系统中处于驱动力传递路线上的任何一个环节中断,汽车将无法行驶。

四、汽车转向系统

1. 转向系统的功用和分类

汽车在行驶过程中,需经常改变其行驶方向,即所谓汽车转向。用来改变或者恢复汽车行驶方向的专设机构称为汽车转向系统,其**功用是保证汽车能按驾驶人的意志进行转向行驶**。

汽车转向系统根据其转向能源的不同,可以分为机械转向系统和动力转向系统两大类型。

2. 机械转向系统

机械转向系统以驾驶人的体力作为转向能源,其中所有传力件都是机械的。它主要**由转向操纵机构、转向器和转向传动机构三大部分组成**。机械转向系统示意图如图 1-10 所示。

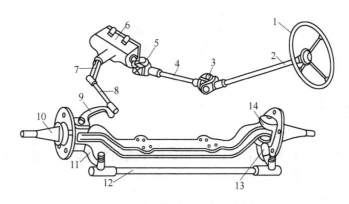

图 1-10 机械转向系统示意图

1—转向盘 2—转向轴 3、5—转向万向节 4—转向传动轴 6—转向器 7—转向摇臂
8—转向直拉杆 9—转向节臂 10—左转向节 11、13—梯形臂 12—转向横拉杆 14—右转向节

从转向盘 1 到转向器 6 之间的一系列零部件，均属于转向操纵机构。由转向器 6 至右转向节 14 之间的一系列零部件（不含转向节），均属于转向传动机构。其中梯形臂、转向横拉杆和前轴构成转向梯形，其作用是在汽车转向时，使内、外转向车轮按一定的规律进行偏转。

如图 1-10 所示，当汽车转向时，驾驶人对转向盘施加一个转向力矩，该力矩通过转向轴 2、转向万向节 3、5 和转向传动轴 4 输入转向器 6，转向器中一般有 1~2 级啮合传动副，具有减速增矩作用。经转向器放大后的力矩和减速后的运动传到转向摇臂 7，再经过转向直拉杆 8 传给固定于左转向节上的转向节臂 9，使左转向节 10 和它所支承的左转向轮偏转。左转向节通过转向横拉杆 12 带动右转向节 14 偏转，从而实现右转向轮偏转。

3. 动力转向系统

动力转向系统是兼用驾驶人体力和发动机动力作为转向能源的转向系统。在正常情况下，汽车转向所需的能量只有小部分由驾驶人提供，而大部分能量由发动机通过转向加力装置提供。但在转向加力装置失效时，一般还应该能由驾驶人独立承担汽车转向任务。因此，动力转向系统是在机械转向系统的基础上加设一套转向加力装置而形成的。

图 1-11 所示为一汽马自达 6 型轿车的液压助力转向系统，其中属于动力转向装置的部件主要有：转向油罐 7、转向助力泵 8、转向控制阀 4 和转向助力缸 9（与机械转向器做成一体）。当驾驶人转动转向盘 1 时，转向轴 2 通过转向万向传动装置 3 带动转向控制阀 4 转动，使转向助力缸中活塞一侧的油腔接通液压为零的转向油罐，而另一侧油腔则

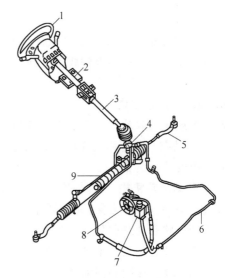

图 1-11 马自达 6 型轿车动力转向系统示意图

1—转向盘 2—转向轴 3—转向万向传动装置
4—转向控制阀 5—转向横拉杆 6—管路 7—转向油罐
8—转向助力泵 9—机械转向器和转向助力缸

接通转向助力泵的出油口，使高压油进入该油腔，于是转向助力缸的活塞受到液压力的作用，推动活塞杆（即机械转向器9的齿条）移动，通过转向传动机构带动左、右转向轮偏转，实现汽车转向。这样，驾驶人施加在转向盘上很小的转向力矩，便可以克服地面作用于转向轮上的转向阻力矩。

五、汽车制动系统

1. 制动系统的功用和分类

汽车制动系统的功用是根据需要使行驶中的汽车减速甚至停车，使下坡行驶的汽车速度保持稳定，以及使已停驶的汽车保持不动。

制动系统可以按不同形式进行分类。

（1）**按制动系统的功用分类**

1）行车制动系统。使行驶中的汽车减低速度甚至停车的一套专门装置，一般由驾驶人用脚来操纵，故又称为脚制动系统。

2）驻车制动系统。使已停驶的汽车驻留原地不动的一套装置。大多车辆由驾驶人用手来操纵，故又称为手制动系统。

3）第二制动系统。在行车制动系统失效的情况下，保证汽车仍能实现减速或停车的一套装置。在许多国家的制动法规中规定，第二制动系统也是汽车必须具备的。

4）辅助制动系统。经常行驶在山区的汽车，应具备在汽车下长坡时用以稳定车速起缓速作用的辅助制动系统。

（2）**按制动系统的制动能源分类**

1）人力制动系统。以驾驶人肌体作为唯一制动能源的制动系统。

2）动力制动系统。完全由发动机动力转化而成的气压或液压形式的势能进行制动的制动系统。

3）伺服制动系统。兼用人力和发动机动力进行制动的制动系统。

（3）**按制动能量的传输方式分类**　按照制动能量的传输方式不同，制动系统可分为机械式、液压式、气压式和电磁式等。同时采用两种以上传能方式的制动系统称为组合式制动系统。

2. 制动系统的组成

制动系统是由制动器和制动驱动机构组成的，结构如图1-12所示。

（1）**制动器**　产生阻碍车辆运动或运动趋势的力（制动力）的部件，其中也包括辅助制动系统中的缓速装置。

（2）**制动驱动机构**　制动驱动机构包括供能装置、控制装置、传动装置、制动力调节装置以及报警装置、压力保护装置等附加装置。供能装置包括供给、调节制动所需能量以及改善传能介质状态的各种部件。其中产生制动能量的部分称为制动能源，如发动机可作为制动能源。控制装置包括产生制动动作和控制制动效果的各种部件，如制动踏板机构。传动装置包括将制动能量传输到制动器的各个部件，如制动主缸和制动轮缸。

3. 制动系统的工作原理

一般制动系统的工作原理可用图1-13所示的简单液压制动系统来说明。一个以内圆面为工作表面的金属制动鼓5固定在车轮轮毂上，随车轮一同旋转。在固定不动的制动底板

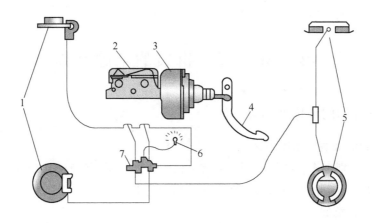

图 1-12　典型制动系统组成示意图
1—前轮盘式制动器　2—制动主缸　3—真空助力器　4—制动踏板机构
5—后轮鼓式制动器　6—制动警告灯　7—制动组合阀

上，利用支承销支承两个弧形制动蹄4的下端。制动蹄的外圆面上装有一般是由非金属材料制成的摩擦片。制动底板上还装有液压制动轮缸3，用油管与装在车架上的液压制动主缸2相连通。主缸中的活塞可由驾驶人通过制动踏板1来操纵。

制动系统不工作时，制动鼓的内圆面与制动蹄摩擦片的外圆面之间保持有一定的间隙，使车轮和制动鼓可以自由旋转。

要使行驶中的汽车减速，驾驶人应踩下制动踏板1，通过推杆和主缸活塞，使主缸内的油液在一定压力下流入制动轮缸3，并通过两个轮缸活塞推动两制动蹄4绕支承销转动，上端向两边分开，以其摩擦片压紧在制动鼓5的内圆面上。这样，不旋转的制动蹄就对旋转着的制动鼓作用一个摩擦力矩 T_μ，其方向与车轮旋转方向相反。制动鼓将该力矩 T_μ 传到车轮后，由于车轮与路面之间有附着作用，车轮对路面作用一个向前的周缘力 F_α，同时路面也对车轮作用着一个向后的反作用力，即制动

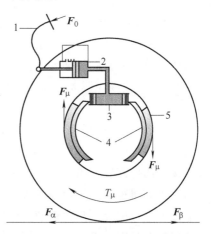

图 1-13　制动系统工作原理示意图
1—制动踏板　2—制动主缸　3—制动轮缸　4—制动蹄　5—制动鼓

力 F_β。制动力 F_β 由车轮经车桥和悬架传给车架及车身，迫使整个汽车产生一定的减速度。制动力越大，则汽车减速度也越大。当放开制动踏板时，复位弹簧使制动蹄回位，摩擦力矩 T_μ 和制动力 F_β 消失，制动作用终止。

图 1-13 所示的制动系统中，主要由制动鼓、带摩擦片的制动蹄构成对车轮施加制动力矩（摩擦力矩 T_μ）以阻碍其转动的部件，称为制动器。

显然，阻碍汽车运动的制动力 F_β 不仅取决于制动力矩 T_μ，还取决于轮胎与路面间的附着条件。如果完全丧失附着，则这种制动系统事实上不可能产生制动汽车的效果。不过，在

讨论制动系统的结构问题时，一般都假定具备良好的附着条件。

第二节　汽车拆装的基础知识

一、汽车拆卸的原则及方法

1. 熟悉汽车的构造及工作原理

汽车类型、级别繁多，结构不同，拆卸方法也不同。了解汽车构造、特点和工作原理是正确拆卸的前提，避免任意敲击或拆卸造成的零件变形或损坏。

2. 按需要进行拆卸

零部件经过拆卸，往往容易产生变形和损坏，特别是紧配合件更是如此。应避免盲目地大拆大卸，如果可以通过不拆卸解决的问题就尽量不拆卸。

3. 掌握正确的拆卸方法

1）为了提高拆卸工效，减少零部件的损伤和变形，需要使用相应的专用工具和设备，严禁任意敲击和撬打。

2）由表及里按顺序逐级拆卸。一般先拆车厢、外部线路、管路、附件等，然后按汽车—总成—部件—组合件—零件的顺序进行拆卸。

3）拆卸时要为装配做好准备，做好装配标记。

为了保证一些组合件的装配关系，在拆卸时应对原有的记号加以校对和辨认，没有记号或标记不清的应重新检查做好装配标记。

4）零件要分类按顺序摆放。为了便于清洗、检查和装配，零件应按不同的要求分类按顺序摆放。

5）注意螺纹连接件的拆卸。一般来说，螺纹连接件的拆卸比较容易，但若不注意拆卸方法，也会造成零件的损伤。

螺纹连接件的拆卸要采用合适的扳手，当拆卸困难时，应分析难拆的原因，不应任意加长扳手以增大拆卸扭矩。双头螺柱的拆卸要用专用拆卸工具；在缺乏专用工具时，可在双头螺柱的一端拧上一对螺母，互相锁紧，然后用扳手把它连同螺栓一起旋下。

锈死的螺栓在拆卸过程中最好使用除锈剂。若不具备条件可将螺栓拧紧1/4圈左右再退回，反复松动，逐渐拧出；或用锤子振击螺母，借以振碎锈层后拧出；或在煤油中浸泡30min左右，使锈层变松拧出。

多个螺栓或螺母连接的零件在拆卸时，为防止受力不均匀而造成的零件变形、损坏，应首先将每一个螺栓或螺母拧松1/2~1圈，尽量对称拆卸，并先拆下难拆的螺母或螺栓。

二、汽车装配的原则及方法

汽车通常由数千个零件组成，将零件按照一定的顺序和要求相互连接组成部件、总成和整车的过程称为汽车的装配。一个完整的装配过程要求有装配前准备、装配及装配后调整检查三部分内容。

1. 装配前准备

零件装配前要进行仔细的清洗，除指定清洗剂外，一般使用干净的柴油或汽油进行清洗，防止油污、尘粒、金属屑等进入相对运动零件之间，破坏其配合关系或造成磨损；清洗后用压缩空气吹干，对零件进行质量检查，防止不合格的零件进入装配过程；对配合零件必须满足一定的配合要求，包括间隙配合、过渡配合及过盈配合，并做出相应标记，保证零件装配的正确性。

2. 装配

按一定的顺序和技术要求进行零部件的组装，保证它们之间的正确装配关系。

3. 装配后调整检查

无论是部件、总成或整车装配，都应进行装配后的调整检查，检查是否存在卡滞、异响、渗油等现象，并检测各指标是否符合技术要求。

三、拆装工具的认识

拆装工具包括常用和专用工具两种。

1. 常用工具

（1）扳手

1）呆扳手。按形状可分为双头扳手和单头扳手。图 1-14a 所示为双头呆扳手，主要用于紧固或拆卸一般标准规格的带有棱边的螺母和螺栓，可以直接插入或套入，使用较方便。

2）梅花扳手。其两端是花环状的双六角形，由两个同心正六边形互相错转 30°而成，适用于转动空间狭窄的场合，如图 1-14b 所示。与呆扳手相比，梅花扳手扭转力矩大，使用时不易滑脱，携带方便，但套入、取下不方便。

3）两用扳手。两用扳手一端为呆扳手，另外一端为梅花扳手，两端尺寸相同，兼具两种扳手的特点，如图 1-14c 所示。

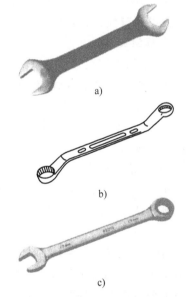

图 1-14　呆扳手、梅花扳手和两用扳手
a）呆扳手　b）梅花扳手　c）两用扳手

4）套筒扳手。套筒扳手是一种组合型工具，使用时由几件组成一把扳手，适用于拆装位置很狭小、隐蔽较深处或需要一定拧紧力矩的螺栓或螺母。套筒扳手主要由套筒头、手柄、快速摇柄、棘轮手柄、接头和接杆等组成，如图 1-15 所示。各种手柄适用于各种不同的场合，以操作方便或提高效率为原则，如活动手柄可以调整所需力臂；快速摇柄用于快速拆装螺母、螺栓，同时还能配用扭力扳手显示拧紧力矩。套筒扳手具有功能多、使用方便、安全可靠的特点。

5）活扳手。其开口宽度可调节，能在一定范围内变动尺寸，如图 1-16a 所示。其优点是遇到不规则的螺母或螺栓时，更能发挥作用，故应用较广。

6）内六角扳手。内六角扳手是拆装内六角螺栓（螺塞）用的，如图 1-16b 所示。

7）扭力扳手。扭力扳手是一种能够控制力矩大小的扳手，由扭力杆和套筒头组成，如图 1-16c 所示。凡是对螺母、螺栓有明确规定拧紧力矩的，都要使用扭力扳手，拧紧时指针

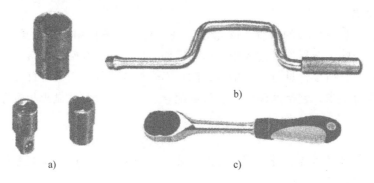

图 1-15 套筒扳手
a）套筒头　b）快速摇柄　c）棘轮手柄

可以表示出力矩数值。扭力扳手除用来控制螺纹件拧紧力矩外，还可以用来测量旋转件的起动转矩，以检查配合、装配情况。

（2）螺钉旋具

1) 一字槽螺钉旋具。一字槽螺钉旋具俗称一字起子、平口改锥，由木柄、刀体和刃口组成，用于旋紧或松开头部开一字槽的螺钉，如图 1-17a 所示。使用时，应根据螺钉沟槽的宽度选用相应的规格。

2) 十字槽螺钉旋具。十字槽螺钉旋具俗称十字起子、十字改锥，用于旋紧或松开头部带十字沟槽的螺钉，如图 1-17b 所示。

（3）手钳

1) 鲤鱼钳，如图 1-18a 所示。钳头的前部是平口细齿，适用于夹捏小零件；中部凹口粗长，用于夹持圆柱形零件，也可以代替扳手旋小螺栓或小螺母；钳口后部的刃口可剪切金属丝。由于一片钳体上有两个互相贯通的孔，又有一个特殊的销子，操作时钳口的开度可方便地调节，以适应夹持不同大小的零件，使用广泛。

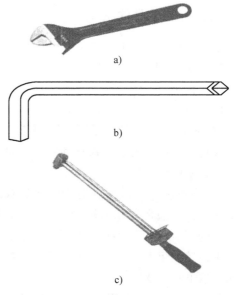

图 1-16 活扳手、扭力扳手和内六角扳手
a）活扳手　b）内六角扳手　c）扭力扳手

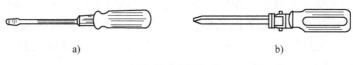

图 1-17 螺钉旋具
a）一字槽螺钉旋具　b）十字槽螺钉旋具

2) 尖嘴钳，如图 1-18b 所示。其头部细长，能在较小的空间工作，常用于夹持挡圈、锁销等圆形或圆柱形小件，带刃口处能剪切细小零件，使用时不能用力太大，否则钳口头部会变形或断裂。

3）钢丝钳，如图1-18c所示。钢丝钳的用途与鲤鱼钳相似，但其支销相对于两片钳体是固定的，故使用时不如鲤鱼钳灵活，但剪断金属丝的效果比鲤鱼钳要好。

4）卡簧钳，如图1-19所示。用于拆卸和安装卡簧，可分为内卡簧钳和外卡簧钳。内、外卡簧钳在使用时，应注意将卡簧钳头部尖嘴完全插入卡簧孔内。

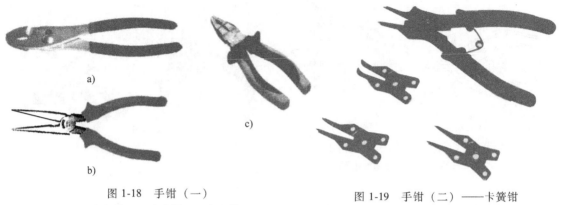

图1-18 手钳（一）
a）鲤鱼钳 b）尖嘴钳 c）钢丝钳

图1-19 手钳（二）——卡簧钳

外卡簧钳在使用时先调整头部尖嘴使其完全插入卡簧孔，然后用力捏紧手柄使头部尖嘴张开卡簧直径变大，然后套在轴承外围，松开手柄即可。

（4）**锤子** 锤子用于敲击工件，使工件产生变形、位移或振动，并可用于工件的校正、整形。锤子头部一端平面略有弧形，是基本工作面，另一端是球面，用来敲击凹凸形状的工件，两端工作面均具有较高的硬度，如图1-20所示。

图1-20 锤子

2. 专用工具

（1）气门弹簧装卸钳 气门弹簧装卸钳用于拆装气门弹簧，如图1-21所示。

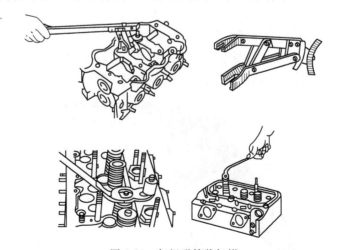

图1-21 气门弹簧装卸钳

（2）**活塞环装卸钳和油封取出器** 活塞环装卸钳用于拆装活塞环，油封取出器用于油封的取出,分别如图1-22a、b所示。

(3) **拉拔器** 拉拔器用来拉出轴上零件,如将轴上的齿轮、带轮、轴承等从轴上拉出,或把轴承外圈、油封等孔内零件从孔里拉出。由于采用静压力拆卸零件,避免了冲击对过盈连接零件的损害,因此在拆卸过程中应用广泛,如图1-23所示。

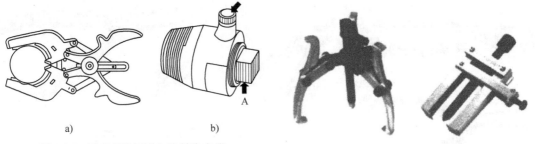

图1-22 活塞环装卸钳和油封取出器
a) 活塞环装卸钳 b) 油封取出器

图1-23 拉拔器

(4) **千斤顶** 千斤顶用于顶起重物,如图1-24所示。

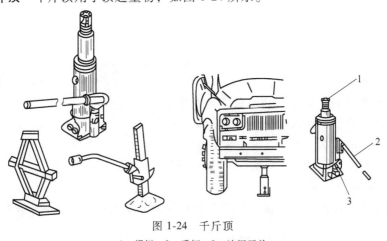

图1-24 千斤顶
1—螺杆 2—手柄 3—油压开关

(5) **吹尘枪** 吹尘枪主要用于拆装前的零件总成壳体吹尘和清洗零件后的吹干工作,还可以对液压元件做空气试压,以检查其密封情况,如图1-25所示。

图1-25 吹尘枪

（6）**滑脂枪** 滑脂枪用于对汽车上装有润滑脂的机件加注润滑脂，如图1-26所示。

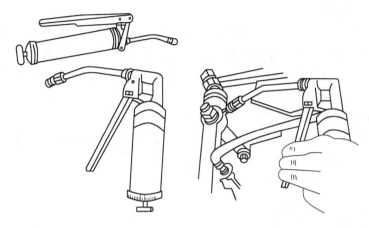

图1-26 滑脂枪

（7）**轮胎气压表** 轮胎气压表用于测量轮胎气压值，如图1-27所示。

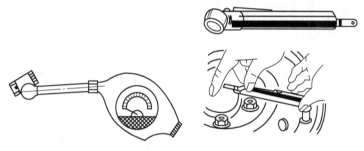

图1-27 轮胎气压表

四、拆装工具的正确使用

1. 呆扳手的使用

选用扳手的开口尺寸必须与螺栓或螺母尺寸相符合，扳手开口过大易滑脱并损伤螺件的六角。为防止扳手滑脱或损伤螺件，应使拉力作用在开口较厚的一边，如图1-28所示。

在狭窄场合扳手转过的角度受到限制，可将呆扳手翻转使用，反复操作，直至将螺母卸下，如图1-29所示。

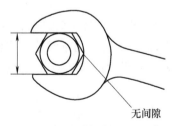

图1-28 呆扳手的使用

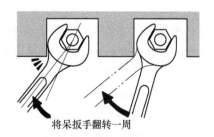

图1-29 呆扳手在狭窄场合的使用

拆卸双螺母连接件时，为防止相对的零件也转动，可用一把扳手固定一个螺母，用另一把扳手旋转直至卸下另一螺母，如图1-30所示。

2. 梅花扳手的使用

使用梅花扳手时，应选择尺寸合适的扳手。使用时，可将螺栓和螺母头部套住，扳动30°后，即可换位再套入。应尽量使用拉力，若空间限制无法拉动工具，则可用手掌推动工具，如图1-31所示。过紧的螺栓或螺母可以通过施加冲击力松开，但不能使用锤子或加长管子增加扭矩，如图1-32所示。

3. 扭力扳手的使用

扭力扳手一般用于最终拧紧螺母时，以便将其拧紧至技术要求的标准值。使用时左手按住扭力扳手头部，右手握住手柄，图1-33所示为扭力扳手的使用。注意观察显示的力矩数值，用力要均匀，避免突然发力。

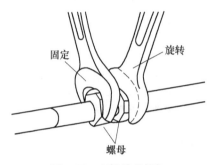

图1-30 双螺母的拆卸

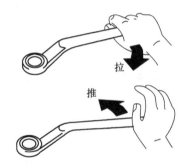

图1-31 梅花扳手的正确使用方法

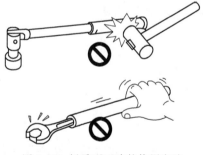

图1-32 扳手不正确的使用方法

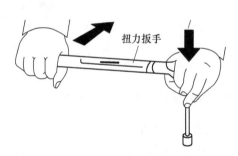

图1-33 扭力扳手的使用

4. 套筒扳手的使用

套筒扳手根据需要可装上不同手柄和套筒头，利用一套套筒扳手夹持住螺母，便可轻松地拆装螺母。

（1）**套筒头** 套筒头接口处有大和小两种规格，大尺寸规格的套筒头可获得更大的力矩；套筒深度也有标准型和深型两种类型，后者比标准型深2~3倍，用于螺栓突出的螺母；套筒钳口有双六角形和六角形两种类型，六角形与螺母表面有很大的接触面，不易损坏螺母表面，如图1-34所示。

（2）**套筒接合器** 套筒接合器，如图1-35a所示，是用于改变套筒方形套头尺寸的连接器，其使用方法如图1-35b所示。使用过程中应注意力矩要根据规定的拧紧力矩施加，不要将超大力矩负载施加在套筒本身或小螺栓上，如图1-35c所示。

（3）**万向套筒** 万向套筒的方形套头部分可以前后或左右移动，手柄和套筒扳手之间

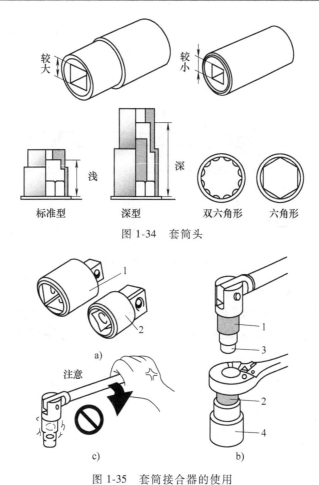

图 1-34　套筒头

图 1-35　套筒接合器的使用

1—套筒接合器（大—小）　2—套筒接合器（小—大）　3—小尺寸套筒　4—大尺寸套筒

的角度可在一定范围内自由变化，如图 1-36a 所示。使用过程中，应注意施加力矩时手柄倾斜角度不要过大，不能用于风动工具，以免造成工具或零件损坏，如图 1-36b 所示。

（4）加长杆　加长杆用于拆卸和更换装得太深不易接触的螺母，或将工具抬离操作平面一定高度，便于使用，如图 1-37 所示。

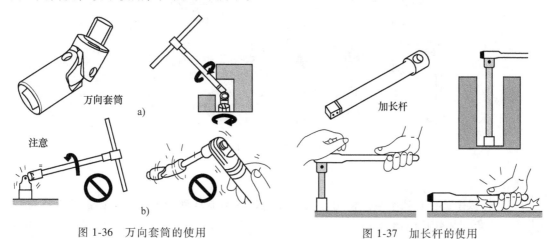

图 1-36　万向套筒的使用　　　　　　　图 1-37　加长杆的使用

（5）**旋转手柄** 旋转手柄用于拆卸拧紧力矩较大的螺母。利用套筒扳手头部的铰式移动，可调整旋转手柄角度与套筒扳手相配合，并改变手柄长度，加大力矩。图1-38所示为旋转手柄的使用方法。

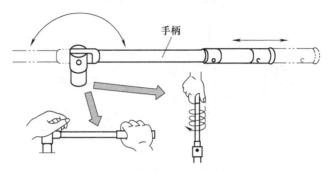

图1-38 旋转手柄的使用方法

（6）**滑动手柄** 滑动手柄可通过滑动套筒的套头位置改变扳手扭矩，从而使工作更方便，其使用方法如图1-39所示。

（7）**棘轮套筒扳手** 简称棘轮扳手，棘轮扳手可以通过扳动手柄改变扳手的用力方向，顺时针转动为拧紧螺母，逆时针转动为松开螺母。拆装螺栓和螺母不需要取下套筒头，只需重复操作，提高了工作效率，同时，

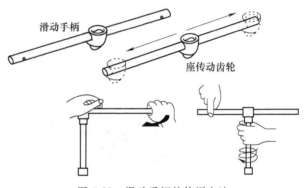

图1-39 滑动手柄的使用方法

棘轮扳手能以小的回转角锁住，可在有限的空间中工作，如图1-40所示。

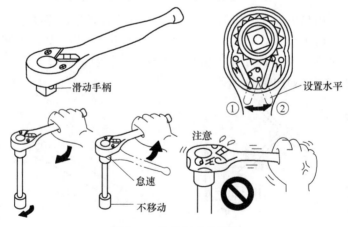

图1-40 棘轮扳手的使用

注意：

1）棘轮扳手适合在狭窄空间使用。其内部的棘轮不能承受较大的力，因此不要施加过大力矩，以免损坏棘爪结构。

2）滑动手柄要求有较大的工作空间，以便能提供最快的工作速度。
3）旋转手柄在调整好手柄后可快速工作。但手柄较长，很难在狭窄空间使用。

5．活扳手的使用

活扳手使用时应转动调节螺杆，使孔径与螺杆头部相配合，钳口要调节到与螺母对边贴紧。注意，使用过程中应使扳手可动部分承受推力、固定部分承受拉力，否则压力会作用在调节螺杆上，使其损坏，如图1-41所示。

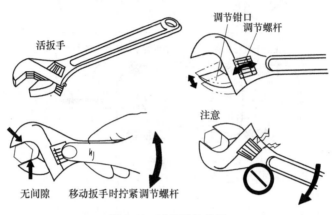

图1-41　活扳手的使用

6．螺钉旋具的使用

使用时需选择与螺钉槽的形状、大小合适的螺钉旋具，保持螺钉旋具与螺钉尾端成直线，边用力边转动。注意不要用鲤鱼钳或其他工具过度施加力矩，以免刮削螺钉的凹槽或损坏螺钉旋具尖头，如图1-42所示。

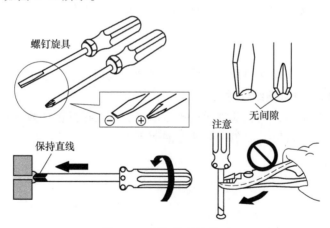

图1-42　螺钉旋具的使用

7．千斤顶的使用

1）清洁千斤顶顶面，拧紧液压开关，把千斤顶放置在被顶部位的下方，使其与被顶位置相互垂直，如图1-43所示。
2）旋转顶面螺杆，改变千斤顶顶面与被顶部位的原始距离，使顶起高度符合汽车需要的顶置高度。

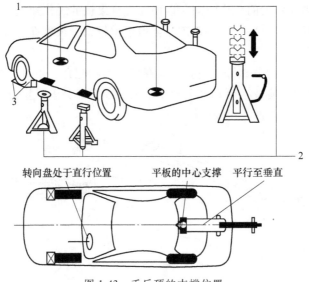

图 1-43 千斤顶的支撑位置
1—被顶部位 2—千斤顶 3—三角形垫木

3）用三角形垫木将车轮前后塞住,防止汽车在顶起过程中发生溜滑事故。

4）用手上、下压动千斤顶手柄,被顶汽车逐渐升到一定高度,在车架下放入搁车凳。

5）徐徐拧松液压开关,使汽车缓缓平顺地下降,架稳在搁车凳上。

注意:

1）千斤顶与汽车的接触位置应正确、牢固,在顶起或下降过程中,禁止人员在汽车底下操作。

2）应徐徐拧松液压开关,使汽车缓慢下降,避免发生事故。

3）在松散绵软路面上使用千斤顶时,应在千斤顶底座下加垫能承受压力的材料(如木板等),防止千斤顶由于汽车重压下沉。

4）汽车顶起后,当千斤顶的液压开关处于拧紧工况时,若发生自动下降故障,应及时查找原因,排除故障后方可继续使用。

5）若发现千斤顶缺油,则应及时增补规定油液,不能用其他油液或水代替。

6）千斤顶必须垂直放置,以免因油液渗漏而无效。

第二章

创新思维及其素质训练

第一节 思维与创新思维

2006年，国务院颁布的《国家中长期科学和技术发展规划纲要（2006—2020）》（以下简称《纲要》），提出了建设创新型国家的发展战略，作为创新型国家，应具备以下四个特征：

1）创新投入高，国家的研发投入即R&D（研究与开发）支出占GDP的比例一般在2%以上。

2）科技进步贡献率达70%以上。

3）自主创新能力强，国家的对外技术依存度指标通常在30%以下。

4）创新产出高。

是否拥有高效的国家创新体系是区分创新型国家与非创新型国家的主要标志。人们往往用创新投入和产出的指标从一个侧面来衡量国家的创新程度，一般来说，创新型国家的创新综合指数明显高于其他国家。世界上公认的20个左右的创新型国家所拥有的发明专利数量占全世界总数的99%。

《纲要》在最后一部分谈到创新人才队伍建设时指出，要充分发挥教育在创新人才培养中的重要作用。加强科技创新与人才培养的有机结合，在创新实践中培养他们的探索兴趣和科学精神。

正是基于创新人才培养，适应我国创新型国家建设的需要，编写了《汽车底盘拆装与创新思维训练》。创新思维不局限于某门课程，每门课程都应该进行创新思维的训练，创新思维也不局限于学习活动，在我们的工作和生活的方方面面，都需要创新和创新思维，也都可以开展创新活动。在汽车底盘拆装的教学中进行创新思维的训练，只是一个尝试和导向。本书中谈创新思维，更多的是在一般的、普遍的意义上来介绍创新思维的含义、特征和类型，提出在汽车底盘拆装中进行创新思维训练的一般方法。如何把两者更好地结合起来，还有待在教学实践中的不断积累和总结，但提出这个问题并积极地进行尝试，是有意义的。

一、思维与思维方式

1. 思维

思维是人脑所具有的功能。按照唯物主义的观点，思维属于精神活动或意识现象，其物质基础是人脑和感觉器官，思维就是人脑把感官获得的感性材料按照一定的认识目的进行加工得到一定认识成果（看法、观点、态度等）的活动。平时我们说的"动脑筋""想一想""思考"等指的就是人脑的这一功能。

思维是人的认识活动的高级阶段。人的认识活动包括感性认识和理性认识两个基本阶段。感性认识就是感官获得感性材料（看到、听到、闻到、碰到的信息）的感知过程，这一认识获得的是事物现象的、表面的、零散的、片段的信息，只有通过理性认识即大脑的思维活动（运用语词概念进行判断、推理等）对这些感性材料进行加工整理，才能获得对事物较为完整、深入、系统、本质的认识。

思维是一个结构化的意识或精神生活现象。《创新思维训练与方法》的作者胡飞雪认为，思维的结构要素主要有三个，即智力、知识和才能。智力主要包括观察力、注意力和记忆力等，智力水平既与先天遗传素质相关，又与后天的智力训练有很大关系。智力关系到思维的速度、效率与清晰性；知识是包括对自然、社会和人以及人的语言、逻辑、思维等各方面客观事实与规律的认识与理解，知识关系到思维的对象、内容与目的的丰富性、多样性；才能是后天通过学习、实践形成的运用知识和经验发现或提出问题、分析问题和解决问题的技能技巧，包括思维（思想）能力、语言（表达）能力与行为（动手）能力等。这里的思维能力主要是指智力和语言能力之外的判断与推理、分析与综合、归纳与演绎等思维的逻辑（包括形式逻辑与辩证逻辑）性特征。思维能力直接关系到思维结果的准确性、合理性与价值性。

思维活动既有共性也有个性。人的思维都要依赖一定的感性材料，都要借助语言工具，都要遵循一定的思维规则（如经验或常识规则与逻辑规则），都有一定的认识目的或目标等，这些都属于思维的共性。但不同的人由于获得的知识、经验、语言、逻辑能力的不同，认识目的和内在动机在自觉性和功用性上的差异，就会形成不同的思维取向、思维习惯、思维水平和思维结果。这些差异不仅表现在不同的认识对象上，而且表现在对同一认识对象的认识活动中。这些就属于思维的个性。所以，和人的实践活动一样，思维活动也是共同性与差异性即共性和个性的统一。

2. 思维方式

（1）**思维方式的定义** 思维方式就是对人在思维中表现出来的上述差异类型化的概括性表达。思维方式简单地说，就是思维习惯，就是一个人习惯化的相对稳定的思维取向、思维工具（话语系统）和思维规则所形成的思维样式或模式。不同的思维方式之间有水平和结果的差异，更多的是方法或样态方面的差异。前者反映的是思维或认识活动的阶段性、发展性，如感性思维与理性思维、形象思维与抽象（概念、符号）思维、简单思维与复杂思维、常规思维与创新思维等。后者反映了思维方式的多样性和丰富性，如求同思维与求异思维、聚合思维与发散思维、正向思维与逆向思维等。

思维方式就是思维活动由所遵循的一定规则、程序和所运用的特定工具、方法而形成的思维的某种稳定样态或模式。有人把思维方式解释为是看待事物的角度，认为不同国籍、文化背景的人看待事物的角度不同，便是思维方式的不同。这里的看待事物的角度也可以理解为广义的思维方法。

从思维活动的过程看，思维方式就是认识的发动、运行和转换的内在机制与程序。思维方式作为哲学认识论的一个重要范畴，包括相互联系的两个方面。从思维主体看，是主体在进行思维活动中所采取的模式或样式；从认识主体和认识客体（对象）的关系看，是主体把握客体、通向客体的工具和手段。思维方式就其本质来说，是人脑的活动，其结果是精神或意识产品，思维方式正是产生这种结果的方式。因此，思维方式就是思想、观念、意识、理论、方案等一切精神产品的生产方式。

（2）**思维方式的类型**　思维方式从不同视角，有着不同的类型：

从思维对象和目标看，有以主观世界（人及人伦关系）为目标的致善（意象性）思维与以客观世界（自然与社会）为目标的求知（对象性）思维。

从思维属性、运用的工具或发展的阶段、水平看，有感性（具象、形象）思维、理性（概念、符号）思维与直觉思维。

从思维的路径或功能看，有关注局部、微观的分析思维与关注整体、宏观的综合思维。

从思维理路或次序看，有从个别到一般的归纳思维与从一般到个别的演绎思维。

从思维活动的方向或思维对象的样态看，有横向思维与纵向思维。

从思维主体的愿望看，有实然思维（求现实的真相、真理）与应然思维（盼理想的愿景、价值）。

从思维的明晰或理性程度看，有显性思维与隐性思维、自觉思维与自发思维、现实思维与可能思维。

从思维主体与客体的关系看，有主客两分的二分思维与主客一体的物我两忘或自我反思（如庄周梦蝶）。

从思维的形式和领域看，有语言思维、逻辑-数学思维、空间思维、音乐思维、动作思维（如舞蹈、表演）等。

从思维的水平和层次看，有日常性思维方式与规范性思维方式两类。日常性思维随机性成分较多，如经验性思维、直观性思维、事务性思维、实惠性思维、虚浮性思维等；规范性思维可分为哲学思维、科学思维、价值思维和艺术思维。

（3）**思维方式与思维方法**　思维方式与思维方法是两个十分相近的概念，在许多场合都混同使用，上述思维方式的分类大多适用于思维方法，都是指思维的取向、形式、路径、手段、工具等。但两者也有明显的差别。

思维方式是从思维主体的角度提出的，指主体对某一或某类思维方法的习惯性、主导性甚至单一性的运用，以至于形成了稳定的模式。这一概念主要用于不同思维主体（个体和不同地域、文化传统的民族）之间的比较。

思维方法是指客观存在的、多种多样的思维形式。这一概念主要用于不同思维形式之间的比较，目的在于展示思维的多样性、丰富性，给我们的思维提供更多的选择。每一种思维形式或方法都有其独特的优势和自身的局限，都有其使用的条件和范围。

理想的情况是我们能够全面了解、掌握多种多样的思维方法，并根据不同的任务和条件灵活运用某种或某几种方法，而不能不顾任务和条件的不同，固守某一种或某几种方法而形成单一、僵化的思维方式或思维定式。

现实的情况却是，由于受到外在环境、文化传统和习俗的影响，受制于思维主体知识、经验、眼界和思维能力，每个人、每个民族事实上都会形成各具特色的思维方式，其特色就表现为特定的思维方式或思维模式占其思维活动的主导地位。

特色在一般意义或通常情况下，既是优势，又是局限。和思维主体自身所追求的目标和所要完成的任务，与所面临的环境、条件相适宜的思维方式就是其优势，反之，不顾目标、任务及环境、条件的变化，固守某种思维定式，这时的特色就可能转化为思维僵化，就会成为劣势或局限。

二、创新思维的含义与意义

1. 创新思维的含义与特征

创新思维是相对于传统的惯常思维而言的，通常指具有突破、开拓、变革意义的思维活动，是与发现新知识、产生新思想、新发明或创造新事物联系在一起的。

创新思维有两个基本特征：一是有新意，二是有价值（包括认识价值与实践价值）。创新思维与惯常思维的区分是相对的，两者并非完全对立。惯常思维也有创新的意义，创新思维往往也离不开惯常思维。这里把创新思维和惯常思维区分开来，仅仅是为讨论创新思维确立一个比较和对应的参照物，以便突出创新思维对惯常思维的突破和新意，更为集中、深入地讨论创新思维。

创新思维是创造性实践活动的前提和必要条件。人的行为是受思维、思想、意识或观念支配的，思维方式决定行为方式，没有创新思维就没有创新行为。创新思维既与人的想象力、思维的灵活性、开放性有关，也与我们的创新意识、愿望和动机有关。

说到创新，很多人会觉得这是个虽很美好，却高不可攀、遥不可及的。许多人以为，创新只是那些特别聪明、具有超常智力的少数天才的"特权"或"专利"，与我们常人或凡人无关，这其实是一个误解，其中包含了对创新和创新思维本身的一些误解，或者是片面的、狭隘的理解。

2. 创新思维的层次

前面提到，创新的本质特征有二：一是有新意，二是有意义（价值）。前者把创新与经验传承或坚守、坚持某些观念、习惯等区别开来，强调的是开拓性、进取性、变革性、突破性和发展性；后者把创新与单纯的标新立异、猎奇搞怪区别开来，强调的是能够解决问题或提供有价值的东西，使人有获得感、认同感、意义感和价值感。这样说来，创新确实不易，不仅要新，而且要好。但不论是新还是好，都是相对的，创新也是相对的。

创新的相对性可以从以下几个方面理解：

（1）**新与好关系的相对性**　创新是新意与意义的统一，即新与好的统一。但在创新实践中，这是一个理想目标，实现这一目标往往需要一个过程。比如，一个创新项目开始只有新意还谈不上有意义，只要这一新意没有负面作用，就有其意义，准确地说就有走向创新的潜在意义。再如，我们花大力气保护濒临灭绝的珍稀物种，保留一些少数民族的语言、风俗、文化和艺术等，也许并没有多少功用性的意义或价值，仅仅是为了保留物种或文化的独特性和多样性，以促进人类思维和想象的多样性和丰富性。

（2）**创新形式的丰富性**　创新成果的表现形式也是多样的，包含产生新想法，提出新观点，立足新视角，找到新材料、新标准，采用新手段、新方法，搭建新结构，发现新功能，提供新服务，做出新产品等。创新内容的丰富性和创新形式的多样性，为我们的创新思维和创新活动提供了多种可能性。

（3）**创新程度的相对性、层次性** 创新在创的难度、新的程度、成果效度等方面都是有难易之别、大小之分、显隐之差的。许多发现和发明，不是一次完成的，而是多次曲折递进的，甚至一开始是从错误开始的。有时，也不是一个人完成的，而是在与他人的信息交流、思想碰撞中触发的，或是在团队互动的实践中"巧遇"的，或是前后相继，不断改进和完善的。每个人在其中所起的作用有时是有限的，但却是不可缺少的。

（4）**创新成果和主体的多样性** 从创新成果看，既有牛顿、爱因斯坦等发现和创立"万有引力定律""相对论"这样重大、伟大的发明创造，也有许多像移动黑板（白板）及与之配套的白板笔、水溶性油脂笔等难度不大的补充性、升级性、转换性、完善性等新产品的发明创造。从创新主体看，既有像达尔文、爱迪生等伟大的科学家、发明家，也有像古代鲁班、当代王洪军⊖等普通的劳动者。

橡胶雨衣的发明者就是一位名不见经传的工人，他的名字叫马辛托什。1823年，马辛托什到一家制橡皮擦的工厂做工。当时，生产橡皮擦的工序非常简单：把从南美运来的生橡胶倒在大锅里熬煮，等熔化后再加入一些漂白剂漂白，然后倒在制橡皮擦的模型中，等它冷却下来就凝结成一块块橡皮擦了。有一天，马辛托什正端起一大盆熔化的橡胶汁，往一大排模型里浇灌，一不小心，脚底下滑了一下。他急忙稳住身子，好在橡胶汁没打翻，虽然侥幸没被烫伤，但衣服前胸洒满了橡胶浆。无奈，他只得用手去抹洒在衣服上的橡胶液，企图把它擦掉。可是，衣服上的橡胶液粘得牢牢实实的，根本擦不掉。由于这一天的工作特别忙，他便没有去换衣服。下班的时候天色已晚，马辛托什没有换衣服就匆匆离开了工厂。回家的路上，忽然下起大雨来。倾盆大雨将马辛托什淋成了落汤鸡。回到家，他赶紧更换衣服。就在这时他发现，被橡胶汁浇过的地方，竟然没有被雨水湿透。这真是一个意外的发现。善于捕捉灵感的马辛托什抓住了这个机会，他联想到，如果在衣服上有意浇上一层橡胶液，不是可以做到滴水不入了吗？马辛托什立即动手试制理想中的防水雨衣。可是在衣服上涂橡胶很难涂匀，将橡胶液涂在布上，再做衣服，这样做也还是不行，橡胶很容易被蹭掉。经过一番研究，马辛托什想出了一个办法：他用两层布，先在一层布上浇一层橡胶液，再把另一层布覆盖上去。这样，布面上看不到橡胶了。他用这种夹橡胶的双层布料做成大衣，先在自己身上试穿，觉得相当舒适。下雨天，他特地穿着它到旷野里转了一圈，回到家里脱下来一看，里面的衣服一点也没湿。他高兴极了，于是，立即跑到专利局去申请专利。接着，马辛托什便筹措资金，想办厂生产自己发明的防雨衣。一位精明的资本家看中了这个有利可图的新发明，便出资支持了他。就这样，世界上第一家雨衣工厂在苏格兰诞生了。橡胶雨衣投放市场后，十分受欢迎。马辛托什成了雨衣的发明人，以后经过不断改进，市面上出现了许多新颖的雨衣，像塑料雨衣、尼龙涂塑雨衣等，但马辛托什最初发明橡胶雨衣的功绩是不可磨灭的。人们并没有忘记他的功劳，大家都把雨衣称作"马辛托什"。直到现在，"雨衣"这个

⊖ 王洪军是一汽大众钣金维修工人，他发明的钣金维修工具达40多种2000多件，填补了国内外空白，被誉为"生产线上的千手观音"。参见时事（时事报告）（大学生版）2007年第8期隋穗文"从普通人到发明家"。

词在英语里仍叫作"macintosh",即马辛托什。马辛托什发明的雨衣受到了大众的好评和欢迎,这引起了英国冶金学家帕克斯的注意,他研究起这种特殊的衣服来。帕克斯感到,涂了橡胶的衣服虽然不透水,但又硬又脆,穿在身上既不美观,也不舒服。他决定对这种衣服作一番改进。没想到,这一番改进竟花费了十几年的工夫。到1884年,帕克斯才发明了用二硫化碳做溶剂,溶解橡胶,制取防水用品的技术[⊖]。

上述关于创新层次性、多样性、相对性的讨论,给我们的启发是,创新不是少数人的特权,而是每个人都应该而且可能做到的。

3. 创新思维的意义

关于创新和创新思维的意义,可以从社会意义与个体意义,客观意义与主观意义等不同方面来理解。关于创新和创新思维对民族振兴、国家强盛、社会进步乃至人类文明发展所具有的意义,很容易理解。这里只从主体即我们每个人来看创新和创新思维对大学生的发展本身或个人的意义。

从主体看,创新常常要经历一个由好奇、新奇到猎奇、探奇再到解奇、释奇,由冲动、激动到盲动、乱动再到计划行动,由想法到办法到得法等心路历程;从对象看,我们想捕捉的东西时隐时现,时有时无,时近时远,"众里寻她千百度,蓦然回首在眼前";从过程看,有时如飞流瀑布一泻千里,有时却荆棘丛生寸步难行,既有因"偶遇"而信手拈来的幸运,也有终其一生而不得的遗憾,如此等等。但不论过程如何,结果怎样,只要我们在向往和追求新的东西,生活就是充实的,生命就是有活力的,精神就是昂扬的。更不用说,无论是成功还是失败,是经验还是教训,都给后来者或借鉴或汲取,都对创新型国家建设做出了贡献。

创新思维是一种集真善美为一体的优秀品质。真善美是对人类理想追求的三个最基本的维度,也是人们对一切价值评价所依据的最基本的标准。真善美的统一通常被认为是最高的价值理想和目标。创新思维在客观上同时具备了真善美的价值属性和要求。创新当然必须符合事物发展的客观规律,创新也必然能够推动科学和技术的进步,促使我们发现更多的真理。

创新思维是创新活动的主体条件和必要前提,创新活动是一个有目的、有计划的高度自觉的理性活动。只有想到才可能做到,创新活动一刻也离不开创新思维,但创新思维也离不开创新的实践活动。我们确实可以在创新实践之前有对创新的目标和手段的考虑和设想,但这些考虑和设想是否可行有效最终还是要在创新活动中经受检验。事实上,我们的思想或思维与行动或实践是一个相互联系和依赖、相互调整和促进的互动过程。我们这里说的创新活动或实践当然主要是指汽车底盘拆装的活动或实践,但不应局限于这一范围。其实,无论是创新思维还是创新活动,都与我们的日常生活(学习、交往、工作、社团活动、志愿服务、专业实习乃至消费、休闲等)密切相关。就是说,创新思维和创新活动应该成为一种习惯,不论我们在做什么,都可以想着怎样能够更好,怎样才能改变。一旦形成这样的习惯,我们离真正有价值的创新就不远了。在发明和创新史上,突破性的灵感往往不是在我们专注的领域或问题,而是从看似毫不相干的日常生活的事件、现象中得到启发。

⊖ 欧阳. 来自橡胶的意外——雨衣的发明故事[J]. 科学启蒙, 2007(2): 24-25.

大家都知道鲁班发明锯子的故事,但不是所有人都知道鲁班还发明了许多其他的东西。传说雨伞就是他的另一个发明。

在雨伞发明之前,人们出门很不方便。夏天,太阳晒得皮肤火辣辣的疼。下雨天,衣服总被淋得湿漉漉的。鲁班想帮人们解决这个困难,心里很着急。他心里想要能做个东西,又能遮太阳又能挡雨该有多好。鲁班动了好多脑筋。起初,他跟几个木匠一起在路边造了一个亭子,亭子的顶是尖尖的,四面用几根柱子撑住。接着,他们隔一段路造一个亭子,造了许多亭子。这样,走路的人就方便多了。雨来了,躲一躲;太阳晒得难受了,歇一歇,喘口气儿。

鲁班给大家办了件好事,大家都很感激他。可是鲁班自己挺不满意。他想,要是雨下个不停,那该怎么办呢?人总不能老蹲在亭子里不走哇。

鲁班想了许多天,还是没有想出来。一天,天气热极了,他一边做工,一边抹汗。忽然看见许多小孩子在荷花塘边玩,一会儿,一个孩子摘了一张荷叶,倒过来顶在脑袋上。

鲁班觉得挺好玩,就问他们:"你们头上顶着张荷叶干什么呀?"小孩子七嘴八舌地说了起来,"太阳像个大火轮,我们头上顶着荷叶,就不怕晒了。"

鲁班抓过一张荷叶来,仔细瞧了又瞧,荷叶圆圆的,一面有一丝叶脉,朝头上一罩,又轻巧又凉快。

鲁班心里一下亮堂起来。他赶紧跑回家去,找了一根竹子,劈成许多细细的条条,照着荷叶的样子,扎了个架子;又找了一块羊皮,把它剪得圆圆的,蒙在竹架子上。"好啦,好啦!"他高兴得叫起来,"这东西既能挡雨遮太阳,又轻轻巧巧。"

鲁班的妻子听见他大呼小叫的,赶紧从屋里跑出来问他,"出了什么事了?"

鲁班把刚做成的东西递给妻子,说,"你试试这玩意儿,以后大家出门去带着它,就不怕雨淋太阳晒了。"

鲁班的妻子瞧了瞧,又想了想,说:"不错不错,不过,雨停了,太阳下山了,还拿着这么个东西走路,可不方便了。要是能把它收拢起来,那才好呢。"

"对,对!"鲁班听了很高兴,就跟妻子一起动手,把这东西改成可以活动的,用时撑开,不用时收拢。这就是咱们今天的伞。

尽管鲁班发明雨伞仅仅是个传说,但从小孩"顶荷叶"这一场景中得到启发,成为雨伞发明的最初来源,还是符合生活和思维逻辑的。当然,如果你的头脑里没有强烈地寻找遮阳挡雨之物的欲念和持续的关注,看见小孩"顶荷叶"的场景就会熟视无睹,充其量也不过是感到好玩或好奇而已。

第二节 创新思维的素质要求及其训练

创新思维的素质要求可以从两个方面理解,一是主体内在的基质性、条件性素质,包括智力和非智力这两大因素;二是通过学习获得的形成性、发展性素质,包括知识、能力和人格(品格)。当然,这两个方面的划分也是相对的,一方面,智力和非智力因素也是在学习中不断发展的,另一方面,知识、能力和人格等形成性、发展性素质也会沉淀为智力和非智力等基质性、条件性素质。

根据以上理解,创新思维的素质训练可以从智力与非智力的基质性素质,知识、能力、人格的成长性素质这两大方面、五大要素来分别加以讨论。受篇幅限制,本章只讨论智力因素与非智力因素这两大创新要素及其训练问题。

一、创新的智力因素及其训练

关于一般的智力训练的理论和方法已经有很多了,这里主要从创新视角,立足于创新的需要讨论智力因素及其训练问题。

智力因素通常是指观察力、记忆力、思维力、想象力等,这仅仅是从分析的意义上做出的划分。在真实的认知活动中,这些能力是难解难分、紧密交织、共同作用的。智力因素的训练也难以分门别类地进行。下面我们以观察力为主,讨论智力因素的训练问题。

1. 观察力及其训练

(1) 观察与观察力　观察是对日常生活场景、环境和具体的有形事物的直接感知,是生活式(自然)学习⊖的一种方式。人接受外部信息,获得对世界的认知依次有三种来源或途径:第一就是观察,即通过人的各种感官看到、听到、嗅到、尝到、碰到等,获得对外部世界的直观认识;第二就是参与性活动或实践(包括衣食住行等生命维持活动,游戏、休闲、交往等娱乐性活动,学习研究等发展性活动,劳动创造等生产性活动等),在活动中认识自己并感知自己与外部世界及他人的关系;第三就是阅读,即通过阅读文化产品和艺术作品(包括文字、图像、音像、视频等材料)获得大量的间接经验,以补充直接经验在时空方面的局限和不足。在这三种认知来源或途径中,观察是最早出现的最基本、最普遍的途径,活动或实践其实也包含着观察,是在参与或互动中更为贴近的观察;阅读其实就是阅读别人的观察。也许正是在这个意义上,巴甫洛夫才提出:观察、观察、再观察。

一个正常人从外界接触到的信息有百分之八十以上都是通过视觉和听觉的通道传入大脑,通过观察获得的。观察可以说是智力活动的门户。任何一个人,如果没有较强的观察力,他的智力很难达到高水平。著名生物学家达尔文说过,我既没有突出的理解力,也没有过人的机智,只是在观察那些稍纵即逝的事物并对其进行精细观察的能力上,我可能在众人之上。

观察力是人类智力结构的重要基础,是思维的起点,是聪明大脑的"眼睛",所以有人说,思维是核心,观察是入门。观察力是一种有意识、有目的、有组织的高级知觉能力。观察力的品质包括观察的习惯性、细致性、敏锐性、连续性以及对观察结果的分析思考能力等。

一个人如果生活在单调枯燥、缺乏刺激的环境中,观察机会少就会使脑细胞比较多地处于抑制状态,大脑皮层发育较缓慢,智力显得相对落后。相反,如果一个人经常生活在丰富多彩、充满刺激的环境中,坚持经常到户外、野外去观察各种事物和现象,大脑皮层接受丰富刺激,经常处于兴奋活动状态,其大脑的发育就相对较好,智力也较发达。

观察力的培养包括观察习惯的养成,观察的专注性、细致性、敏捷性的培养,观察结果的描述能力、分析能力和联想能力(即思维能力)的训练等。

⊖ 作者把人的学习活动按其目的性和计划性的不同分为生活式(自然)学习和目的性(人文安排)学习两种。前者就是我们经常说的在实践中学,读"无字之书"。

（2）观察力训练方法

1）静视——一目了然。

① 在房间里或屋外找一样东西，比如茶杯、台灯、一张椅子或一盆花草，保持适当距离，平视前方，自然眨眼，集中注意力注视这一物体约1~2分钟，要专心致志地仔细观察。闭上眼睛，努力在脑海中勾勒出该物体的形象，尽可能地加以详细描述，最好用文字将其特征描述出来。然后重复细看一遍，如果有错，加以补充。

② 熟练后，逐渐转到更复杂的物体上，观察周围事物的特征，然后闭眼回想。重复几次，直到每个细节都看到。可以观察户外景观、衣服的颜色、植物的形状、人们的姿势和动作、天空云彩的形状和颜色等。观察的要点是，不断改变目光的焦点，尽可能多地记住完整物体不同部分的特征，记得越多越好。在每一次分析练习之后，闭上眼睛，用心灵的眼睛全面地观察，然后睁开眼睛，对照实物，校正你心中的印象，然后再闭再睁，直到完全相同为止。还可以在某一环境中关注一种形状或颜色，试着在周围其他地方找到它。

③ 然后再去观察名画。必须把自己的描述与原物加以对照，力求做到描写精微、细致。在用名画做练习时，应通过形象思维激发自己的感情，由感受产生兴致，由兴致上升到心情。这样，不仅可以改善观察力、注意力，而且可以提高记忆力和创造力。因为在你制作新的心中形象的过程中，你吸收使用了大量清晰的视觉信息，并且把它储藏在你的大脑中。

2）行视——边走边看。

以中等速度穿过你的宿舍、教室、食堂、操场，或者绕着房间走一圈，迅速留意尽可能多的物体。接着进行回想，把你所看到的尽可能详细地说出来，最好写出来，然后对照补充。在日常生活中，眼睛像闪电一样看。可以在眨眼的工夫，即1~4秒之间，去看眼前的物品，然后回想其种类和位置；看马路上疾驶的汽车牌号，然后回想其字母、号码；看一张陌生的面孔，然后回想其特征；看路边的树、楼，然后回想其棵数、层数；看广告牌，然后回想其画面和文字。这样不仅可以有效锻炼视觉的灵敏度，锻炼视觉和大脑在瞬间强烈的注意力，而且可以使你从内到外更加聪慧。

3）抛视——天女散花。

取25块到30块大小适中的彩色圆球，或积木、跳棋子，其中红色、黄色、白色或其他颜色的各占三分之一。将它们完全混合在一起，放在盆里。用两手迅速抓起两把，然后放手，让它们同时从手中滚落到沙发上，或床上、桌面上、地上。当它们全部落下后，迅速看一眼这些落下的物体，然后转过身去，将每种颜色的数目凭记忆而不是猜测写下来，检查是否正确。重复这一练习10天，看看你的进步。

4）速视——疏而不漏。

取50张7cm×7cm的纸片（也可用扑克牌），每一张纸片上面都写上一个汉字或字母，字迹应清晰、工整，将有字的一面朝下。取出10张，闭着眼使它们面朝上，尽量分散放在桌面上。然后睁眼，用极短的时间仔细看它们一眼。然后转过身，凭着你的记忆把所看到的字写下来。紧接着，用另10张纸片重复这一练习。每天这样练习三次，重复10天。在第10天注意一下你取得了多大进步。

5）统视——尽收眼底。

睁大你的眼睛，但不要过分以至于让你觉得不适。注意力完全集中，注视正前方，观察你视野中的所有物体，但眼珠不可以有一点转动。坚持10秒钟后，回想所看到的东西，凭借你的记忆，将所能想起来的物体的名字写下来，不要凭借你已有的信息和猜测来做记录。重复10天，每天变换观察的位置和视野，在第10天看看你的进步。

事实上，日常生活当中我们不断地在运用观察力，只是自己并不觉察，可以试着观察或检讨自己看电视或看电影的方式，绝对不是整个画面从头到尾都注意到，而是随兴地从头看到尾，有时注意男女主角或配角的演技、穿着、发型，有时注意布景、风景、音乐，所得到的只是支离破碎的印象，我们从欣赏影片所得到的片段印象而得到一些感受式的结论，其实并不能代表真正的内容，因为我们的观察力确实很差，所以才会有每一次欣赏但结论不一样的情况，因为一次比一次更清楚。不过看多了会疲惫，反而散漫。一般人也会由于工作需求或兴趣，而发展特别的观察力（洞察力），如音乐家的听觉音感会特别敏锐；文学家在诗、词、文章的表达修辞很流畅；画家可以将所画的人、物、风景用素描、水彩图画、油画方式准确地表达。

练习观察力，最有效的方法之一是"回想游戏"。可以在任何时候、任何地方练习。例如，当走进一个房间之后，闭上眼睛，尽可能回想走进房间之前看到了什么，越详细越好。再如，桥牌队员每次坐上牌桌，第一件事就是观察同桌的对手，包括他们的脸部表情、双手放的位置、坐姿、穿着打扮。更重要的是竞赛过程中，会特别注意对手的行为是否出现异常，如原本放在牌桌上的双手突然环抱在胸前或放在大腿上，可能代表情势变得对他不利；如果对方将身体往后移，然后跷脚而坐，这就是自信的表现，代表情势对他非常有利。

有人通过长期观察，总结出当人在紧张或是有压力时，常会不自觉做出以下动作：

1）触摸或按摩颈部。另外，按摩额头或是摸耳垂，一般也都是人紧张时会出现的动作。而如果男生拉着领带，或是女生玩弄颈上的项链，也代表同样的意思。

2）深呼吸或是话变多。当你看到对方深呼吸，就知道他可能在压抑情绪。或是在过程中对方不太爱说话，却突然话多起来，也代表他的情绪开始变得不稳定。

3）用手放在大腿上来回摩擦，试图平缓自己的情绪。

从肢体语言可以看出对方的个性。常见的习惯动作反映了特定的个性与行为模式：

1）喜欢眨眼：这种人心胸狭隘，不太能够信任。如果和这种人进行交涉或有事请托时，最好直截了当地说明。

2）习惯盯着别人看：代表警戒心很强，不容易表露内心情感，所以面对他们，避免出现过度热情或是开玩笑的言语。

3）喜欢提高音量说话：多半是自我主义者，对自己很有自信，如果认为自己不适合奉承别人，最好和这种人划清界限。

4）穿着不拘小节：也代表个性随和，而且面对人情压力时容易屈服，所以有事情找他们商量时，最好是套交情，远比透过公事上的关系要来得有效。

5）一坐下就跷脚：这种人充满企图心与自信，而且有行动力，下定决心后会立刻行动。

6）边说话边摸下巴：通常个性谨慎，警戒心也强。

7）将两手环抱在胸前：做事非常谨慎，行动力强，坚持己见。

除了个人的练习外，大学生是一个群体的存在，应充分发挥集体生活的优势，组成小组集体观察和交流。因有比较和参照,能够及时发现自己观察的优势与不足,能提高观察练习的针对性,突出观察训练的重点,往往比个人的观察练习更有效率和效果。

心理学上常用的观察训练的方法有图片观察训练。例如,在图 2-1 中,快速找人脸;在图 2-2 中,快速找相同的图案;在图 2-3 中,快速排序找到 1 至 25 的数字。

这些图片,有的侧重于检验和训练观察的多视角和想象力,有的是检验和训练观察的敏锐性,有的是检验和训练观察的速度和效率。

图 2-1 观察训练图片(一)

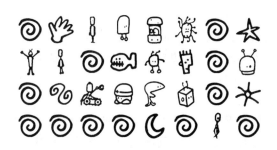

图 2-2 观察训练图片(二)

25	15	6	10	23
18	4	12	3	5
14	8	22	2	21
17	7	24	11	9
19	20	16	13	1

图 2-3 观察训练图片(三)

一些特殊的事件或场景也会增强我们观察的意识。

> 有位教授,为了向学生证实糖尿病患者的尿液中含有糖分,就先做了示范,把一只手指伸进一杯事先准备好的尿液样本中,然后把指头放在自己的舌头上尝了一下。之后他要求学生也照样试验一遍,学生们都皱起眉头,虽然老大不愿意,但还是一个个照着教授的指示把手指伸进尿液,然后急急忙忙地用舌头舔了舔。当所有学生都做完后,怎知教授摇摇头,露出哭笑不得的表情,十分遗憾地说:对于你们为了科学,甘愿亲身体验的精神,我深表赞赏。但是若以你们这种粗心大意的观察力去从事科学工作,将来想要有非凡作为,取得出色成就,我只能说NO!
>
> 原来,教授在试验时,使了小小的花招:他伸进尿液时用的是食指,而放在舌头上的却是中指,只是动作做得较快,骗过大家的眼睛而已。
>
> 当教授说明真相,教室里一片哗然,此情此景,相信观察的重要性从此会在同学的心目中留下很深的印象。

最经常的观察力训练是增强观察的意识,在生活中处处留心,时时留意,养成观察和思考的习惯。有意识地在观察的现象或场景中同中找异,异中求同,繁杂中找简单,平凡中寻意义。有所得时，及时记录。如能找到几位志同道合者组成训练小组，在校园内外，举行随机或有目标的观察训练，并及时交流分享，既有乐趣，又有意义。

> 接下来作者分享自己的一次观察故事。
> 那还是女儿上幼儿园的时候，每天下班去幼儿园接了女儿后骑着自行车带着她回家。一天在经过镜湖⊖时，看到湖中有运动员在进行帆板训练，女儿想看，我也就停下来陪着她一起看。有好几条帆板在湖中朝着不同的方向前行，我发现其中有一条竟然逆风而行。我几次用泥土测试风向确认后，向停到岸边的一位帆板运动员提出疑问："帆板没有动力怎么可能逆风而行？"这位运动员笑了笑，轻松地说："这有什么奇怪的？""这怎么不奇怪？"我懵了，显然和他也说不出更多了。第二天，我就请教我们学校物理系教力学的丁教授。丁教授给了我一篇从杂志上复印的文章，标题是"帆板逆风而行的力学分析"。文章不长，对帆板逆风而行做了力学的理论分析、有公式、有示图，而我是文科生，不能完全看懂。但我关心的其实并不是对这一现象的力学分析或理论解释，而是要确认这一现象是客观存在的，不是我看错了。在我的课堂上，曾多次和同学分享过我的这一由观察思考所产生的思想，得到同学们的热烈回应和积极反响。这一见识，既不是来源于书本，也不是来自课堂，而是来源于观察和思考。

（3）提高观察力的前提和条件　提高观察力的前提和条件是提高注意力。注意力集中的程度不仅与观察的细致性、连续性密切相关，还与记忆力密切相关，甚至被认为是整个智力的前提和基础。注意力也是可以通过训练得到提高的。

有人把注意力训练的方法概括为以下四种：

一是凝视法。固定点凝视法，就是集中你的精神于一点。练习方法：准备一张白纸，在纸上从上往下，用黑色墨水笔画几个圆点，上面的大一点，向下逐渐变小。坐好，调整一下呼吸，尽量使用丹田呼吸法，总之让自己的心静下来，放松自己。一开始用你的眼睛看最上面的圆点，注意放松。暗示自己黑点变大了，且清晰入目。凝视圆点，尽量保持丹田呼吸法，尽量把不眨眼睛的时间延长。练到眼睛能很长时间一眨不眨地凝视这个黑点时，就换小一些的黑点继续训练。

二是冥想训练法。说起冥想，大家首先想到的会是瑜伽，但其实佛家中的禅定、超级学习法中的α波的训练、心理学中的暗示疗法等都属于冥想的范畴，只是名称不同而已。基本训练法：早上起床前和晚上睡觉前，找一个僻静的地方，躺在床上或坐在椅子上，使用丹田呼吸法放松自己。等到自己感到已经安静下来，在深深地、慢慢地用鼻子吸气的同时想象温暖的金色太阳能正穿过自己的头顶流到腹部，在呼气的同时想象温暖的金色太阳能从腹部流到脚跟并流了出去，在这里为什么想象金色的能量而不是其他的颜色，主要是金色代表了积极向上的含义。每次做五分钟左右，想象这些能量像电流一样传遍了自己的全身，金色太阳能从头流到脚，努力使呼吸和对这种能量的感觉协调起来。当这些能量随着每次吸入与呼出而流遍身体时，有一种明显的舒畅感觉时，就表明全身的能力已经集中起来了。

⊖　镜湖原名陶塘，位于芜湖市区中心，最繁华的步行街旁，分东西两湖，水面达二百余亩，由南宋著名爱国词人、状元张孝祥"捐田百亩，汇而成湖"。因其水清可鉴，形似圆镜，"水惟不竟形俱鉴"，故名"镜湖"。

三是感觉能量训练法。这是扩大感觉能力的基本练习之一，使我们在喧闹的场合、沸腾的环境中仍能控制自己的情绪，扩大我们的认识能力。基本方法：找一个安静的地方，躺下或坐下，用丹田呼吸法进行放松。在这种非常舒适、放松的状态中，想象腹部出现金色光亮的能量，慢慢地这种金色能量从腹部放大，直至像空气一样充满全身，保持这种想象半分钟。随着呼气想象把金色能量从身体中射出，一开始，似乎感觉不到这种能量时，可以认为已感到了它，想象这种能量像蚕茧一样包围着自己的身体。想象这个能量场正在扩展，辐射到离身体一米远的地方。继续让这个能量场扩大，让它充满整个房间。想象开始将能量收回到自己的身体，收回时也要慢，感觉那种能量的流动，体验能量扩展和收回时不同的感觉。想象正在将生物能量收拢，直至从身体外收回丹田。放松，体验那种安静祥和的感觉，体验放松后你身体的快乐感觉。此练习做过一段时间后，就会逐渐感觉到练习时能量的伸和缩。

四是"舒尔特表"训练法。这是国际通行的其中一种最常见和最有效的人的视觉定向搜索训练科目。心理学上运用"舒尔特表"，一般是为了研究和发展心理感知的速度，其中包括视觉定向搜索运动的速度。为了提高注意力，可以选择有不同难度和类型的"舒尔特表"逐级训练。如果没有现成的"舒尔特表"，也可以自己制作"舒尔特表"。很简单，在一张有25个小方格的表中，将1~25的数字打乱顺序，填写在里面（图2-3）。以最快的速度从1数到25，要边读边指出，同时计时。研究表明：7~8岁儿童按顺序找出每张图表上的数字的时间是30~50秒，平均40~42秒；正常成年人看一张图表的时间大约是25~30秒，有些人可以缩短到十几秒。可以自己多制作几张这样的训练表，每天训练一遍，相信注意力水平一定会逐步提高！

2. 记忆力及其训练

记忆力是识记、保持、再认识和重现认知及实践活动中获得的信息、经验的能力。记忆力为创新思维和活动提供必要的知识和经验。这些知识和经验包括与创新事物相关的生活常识、基本特点和规律，以及与其他事物多重的复杂联系等。知识越多，经验越丰富，对一事物与其他事物的联系了解得越广泛、越深入，创新的可能性、选择性和成功的概率就越大。如果把创新比喻为对一定原材料的加工和建构的话，那么，原材料越多，加工和建构的选项就越多，成功的可能性自然也就越大。

对记忆力的训练，对大学生来说不会陌生。我们从小到大，已经接触过很多关于记忆力训练的知识和方法。在这个问题上重要的不是方法本身，而是找到适合自己的方法长期坚持。

3. 思维力、想象力及其训练

思维力、想象力也是可以通过训练得到提高的。对此，作者有深切的体会。作者在课堂上曾经多次和同学们就某个话题（命题）展开讨论，有时要求是谈自己的看法或观点（比真切性），有时要求是尽可能多地列出不同的看法和观点（比发散性），有时则要求谈出新意（比新颖性），有时则要求谈出深意（比深刻性），有时则要求要有立意（比高远性、前瞻性）等。令人欣慰的是，在训练之前和训练之后，同学们思维的活跃性、开阔性、多样性、新颖性等都有明显的改善和提高。

思维能力和想象能力的训练可以分解为三个"勤练"，即勤思之练、勤说之练、勤写之练。或者说，多思、多说、多写，循环往复，螺旋形上升。从思到说再到写，是一个思维逐步深入、逐步清晰、逐步准确、逐步全面的过程。其中的"说"当然最好是有对象或有听众的，实在没有，也可以自言自语地说，但一定要发出声，不能是默默地说，否则就是思，而不是说了。

思维能力和想象能力自我训练的方法有很多，如思维能力的训练有：推陈出新法、聚合抽象法、循序渐进法、生疑提问法、集思广益法等，想象力训练有：图形想象、假设想象、原型想象、制作想象等。其实，最好的训练就是结合自己的学习和日常生活，对别人司空见惯、熟视无睹的现象或问题质疑发问，并自问自答，随时随地都可以进行。此外，就是经常和同学、朋友就某个热门话题进行交流、讨论、争论和辩论，目的主要不在于争对错、高下，而是在与各种不同观点、视角、方法的交流碰撞中，激活自己的思维，拓宽自己的思路，变换自己的视角，丰富自己的想象。

二、创新的非智力因素及其训练

创新和创新思维不仅与智力因素有关，也与非智力因素密切相关。

非智力因素在广义上泛指智力因素之外的一切心智因素。相对于智力因素，非智力因素不直接参与认知活动及其过程，但却对认知有着重要的制约和影响。从对心智活动的影响范围、联系的直接性和具体性，可以把非智力因素分为以下三个层次：

第一层次，指理想、信念、世界观。它属于高层次因素，对学习影响的范围最广泛、时间最持久，但并不与学习活动产生直接的联系。

第二层次，主要是指个性心理品质，如需要、兴趣、动机、意志、情绪情感、志向、性格和气质等，这些属于中间层次。它们对学习活动的影响范围要小些，影响的时间要短些，对学习活动的联系要直接些。

第三层次，指学生的自制力、顽强性、荣誉感、学习热情、求知欲望等，它们是个性心理品质的具体表现，对认知和学习活动有着最为直接和具体的影响。

狭义上讨论非智力因素，主要是在第二层次上，即个性心理品质和特征的层面上，指需要、兴趣、情感、意志、动机、志向、性格和气质等。

在非智力因素的构成要素中，有的较多地受到先天遗传因素的影响，如性格和气质，有的则较多地受到后天环境和教育的影响，如兴趣、动机、主导需要等。就是说，并非所有的非智力因素都是先天的。即便是较多受到先天遗传因素影响的性格和气质，也并非不可改变。至少，在一定程度上是可以控制和调节的。培养和训练在这个意义上就是对性格和气质的控制和调节。

在一般意义上说性格和气质无好坏之分，不等于在任何情况和条件下都无好坏之分。前者是说，每一种性格和气质都各有优劣短长，在某种情况下是长处，在另一种情况下可能就是短处。也就是说，某种性格或气质在特定情况下还是有好坏之分的。比如，在生涯规划、职业选择和企业人力资源管理中就有一个"人职匹配"的理论或要求。这一理论的基本原理就是把职业和性格分为几种典型的类型，基于不同类型职业岗位对从业者素质（性格特点、兴趣爱好、知识能力等）的不同要求寻求两者之间的一致性、吻合性关系，以达到最大限度地相互适应和吻合，以确保择业者找到最适合自己的工作岗位，对用人单位来说，有利于把最适合的人配置到最适合的岗位上，以实现人尽其才。

以下就非智力因素的主要构成要素的训练问题做简要介绍。

1. 兴趣及其培养

（1）**兴趣及其特征**　兴趣是指人力求认识某一事物或从事某一活动的心理和行为倾向。其内在的动力机制既与理性认识的应当性有关，更与情感体验的愉悦性有关。兴趣主要是由情感支配或主导的，表现为喜欢或喜爱。所以，兴趣可以简单地表述为一个人的偏好或"一个人喜欢做的事"。

一般来说，需要是人从事各种活动的基本动因。兴趣当然也是一种需要，但它是一种特殊的需要。其特殊性主要表现为：

其一，情感性。物质与精神，肉体与灵魂是我们对人的存在方式或内在需要的基本分类。情感无疑是属于精神或灵魂层面的。而在人的精神生活中，又分为理性和情感这两种精神样态。人的行为活动也无非是受到这两种精神力量的驱使。理性以"应该"驱动行为，情感则以偏好或"喜爱"驱动行为，显然，兴趣属于情感动力。

其二，主动性。因为是出于喜爱，所以，兴趣性活动往往是积极主动、自觉自愿的，对外界的督促依赖不大。

其三，波动性。相对于理性，情感容易受到环境和境遇的影响，随着环境和境遇的改变，兴趣也往往发生变化，波动性或不稳定性是兴趣的一个明显特征。人的兴趣经常变化是我们公认的事实或常识。

兴趣的上述特征表明，作为行为活动的动力，其优势在于主动性、积极性，正是在这个意义上，我们说，兴趣是最好的老师，也是创新活动最直接的动力。

（2）**兴趣的评价**　兴趣有无好坏之分？在一般意义上是没有的，但在特定意义上是有的。比如，底线要求是健康无害。抽烟酗酒、沉迷网游在这个意义上就不是一个好兴趣。也就是说，我们要培养的兴趣至少是对自己、他人和社会是无害的。再高一点的要求就是，我们的兴趣不仅是无害的，而且是有益的。比如，读书的兴趣、旅游的兴趣、爱好某项文体运动的兴趣等。这些兴趣或有利于增长知识或见识，有利于增强对生活的热爱，有利于身心的健康等。

在无害和有益的前提下，评价兴趣的另一些维度是其广泛性、专长性以及与主业的协同性。

兴趣的广泛性是指其多样性、丰富性，一般而言，说一个人兴趣广泛属于褒奖性的肯定性评价。但广泛性也是相对的。对青年学生来说，兴趣并不是越多越好，因为除了兴趣性活动，人还有许多虽没兴趣，但又必须做的事。俞敏洪曾经打过一个比喻，他说，人们很少对手杖感兴趣，行走或登山时都是一个累赘，但对老人和登山运动员而言，却是一个必不可少的支撑和平衡的工具。

兴趣的专长性是指某一兴趣发展到成为专长的水平或程度。比如一个业余歌手或摄影爱好者的唱歌和摄影的水平接近专业歌手和摄影师的水平，这时的兴趣就成为专长，有的还会成为专业。在兴趣的基础上发展起来的专长和专业（职业）是最为理想的。对大多数人来说，也许我们的兴趣没有能够成为专业，但至少可以成为专长。如果说，专业和职业主要是用来谋生的话，那么，专长则主要是用来丰富业余生活，陶冶个人情操，提升人的素养和品味的。从相互关系说，兴趣是专长的起点，专长作为某种兴趣稳定持续发展的结果，其意义远远超出了兴趣的个体情感愉悦性，更具有成就感、尊严感乃至愉悦他人、服务社会的意义。

至于兴趣与专业职业的关系，一方面我们希望能够合为一体，自己所从事的专业职业就是自己的兴趣所在，那当然十分理想。但兴趣的本意就是喜欢，而不论该兴趣有什么用。专业和职业都是适应社会分工的某种需要而存在的，都是有用的。这两者大体统一是可能的，但完全（时时处处）统一是不可能的。从兴趣上说，我们喜欢某个专业或职业，这是就总体而言的。事实上，我们不可能在学习某个专业或从事某个职业活动的过程中，每时每刻都有兴趣。当我们在遇到困难或挫折，失意或失败的时候，或者面对那些枯燥无味、单调乏味的学习内容或烦琐事务，烦乱杂务性工作时，是很难说还有兴趣的。而这些无味、无趣的活动常常不仅是不可避免，而且是十分重要的。所以，我们希望有兴趣，但不能过分强调兴趣。一个兴趣一旦成为专业或职业，就不再是仅仅靠兴趣就能坚持或坚守的，还必须有大局意识、协作意识、责任感和奉献精神等。

（3）**兴趣的培养** 对那些还没有什么特别兴趣的同学来说，有意识地培养是十分必要的。从特定的意义上说，兴趣的产生是感受生命乐趣和人生意义的开始。可见，兴趣的有无绝不是一件小事。除此以外，培养什么样的兴趣以及如何保持和发展有益兴趣也十分重要。兴趣的培养既要解决从无到有的问题，也要解决从有害兴趣到无害兴趣，从无益兴趣到有益兴趣以及保持和发展有益兴趣的问题。

概括地说，兴趣培养的任务有三：一是在没有明显兴趣的情况下，努力培养某种兴趣；二是在已经有了某种兴趣的情况下，努力保持和坚持这一兴趣，不要轻易放弃或改变；三是把兴趣发展为专长，即不断提高已有兴趣的活动水平或能力。

1）正向激励引发兴趣。兴趣的产生无疑是主客观两个方面的原因综合作用的结果。从主观上，横向看，不同性别、不同个性的人有着不同的兴趣取向，比如，在儿童对玩具的兴趣上，男童更喜欢汽车火车、刀枪棍棒等操作性玩具，女童更喜欢布娃娃、小动物等摆设性玩具；外向型性格的孩子更喜欢和小朋友一起玩，内向型性格的孩子更喜欢自己一个人玩等。人在不同的年龄和学龄阶段也有不同的兴趣，从模仿到游戏到梦想到交往等。

从客观上，环境、条件、机会，特别是周边的同龄人所具有的兴趣及兴趣水平都会对一个人的兴趣起诱发或促发作用。随着青少年受教育环境和条件的改善，促发兴趣形成的机会和条件都在增加。值得我们注意的是，环境条件与青少年主体兴趣需要的对接是如何发生的？

一个人究竟会对什么感兴趣？我们只能在生活实践中通过不断地尝试来回答这个问题。在理论逻辑上，我们能够做的就是尝试分析兴趣产生的内外因素及其相互作用的机制。

从内在需要看，兴趣的产生一定与主体的某种内在需求有关。人的普遍性、共同性、稳定性的需要大体有：好奇心、求知欲、自尊心、荣誉感、存在感和成就感等。能够成为兴趣的一定与这些需求的存在与满足有关。此外，人还因某些特殊个性、特殊环境、情境或特殊经历、事件所形成的特殊需要产生兴趣。比如，有人对射击感兴趣，是因为在与射击相关的游戏中感觉到比别人更有优势，更有乐趣；有人对医学或从医感兴趣，是因为曾目睹了挚爱的亲人因病治疗无效而去世，或病入膏肓的亲人经妙手回春的神医所治愈，这其中爱与成就感、使命感就成为促发对医学感兴趣的内在动因。

2) 创新思想维持兴趣。兴趣产生之后，更重要的则是兴趣的保持和发展。其实，保持和发展一个兴趣比产生一个兴趣更难也更具有现实的意义。绝大多数人都有过兴趣，但多数都没能保持或坚持下来。在社会经济和教育不发达的年代，可能是客观条件特别是经济条件不允许，许多兴趣没能得到保持和发展。随着整个社会经济和教育水平的迅速提高，兴趣能否保持，将主要不再受制于经济因素，而是非经济的文化和制度性因素。同时，我们也要看到经济社会乃至科技和教育的发展带来的有利于兴趣保持和发展的积极因素和条件。比如，现在培养和发展各种兴趣的资源包括师资和资料都很丰富，人们购买这些资源的能力都大幅提高。对大多数人来说，只要有兴趣，只要想学习，机会和条件基本不是问题。兴趣不能保持和发展的主要障碍已经转化为主体自身的意愿和意志力问题。

2. 意志力及其培养

意志力又称为自控力，其对成才成功的作用不言而喻。《大脑与个性》的作者威廉·汤姆森说过："在人的生命中，自控力是最强大的精神力量——再没有什么能够超过它了。没有强大的自控力，即使有着最超凡的智力和最有利的机会，也不见得有什么用。"

在行为实践中，意志力主要表现为坚持性、耐受性或坚韧性、抗干扰能力、抗诱惑能力等。

坚持性就是确立目标后，坚持不懈，持之以恒的内在力量。对大多数人来说，我们缺的其实并不是目标和计划，而是坚持。训练坚持性的一个常见的办法就是形成习惯。从这个意义上说，坚持性的训练就是良好习惯的养成，也就是在制订了习惯养成计划后坚持不懈地每天坚持。有一种观点认为一个习惯的养成只要坚持 21 天，就能够基本稳定下来。如果觉得 21 天太长，我们还可以分解为三周，每坚持一周就是一个小的胜利。习惯养成当然要靠自己的自律或自控，但人的自控力都是有限的，这时就需要借助于外力的作用。和志同道合的几个同学组成习惯养成或意志力训练小组，相互监督，相互鼓励，共同完成习惯养成目标，培养良好的行为坚持性。

意志品质中的耐受性既包括生理上的耐寒、耐热、耐疲劳等感官和体能方面对极端自然环境、生理阈值的适应性，也包括心理上的耐挫折、耐失败、耐冷嘲热讽、耐歧视侮辱等对否定性情绪、人际和文化环境的适应性。无论是生理还是心理，其耐受性都是在不断地经历和感受中逐步适应的。所谓耐受性训练，不过是把生活中遇到的那些挫败当作锻炼自己意志力的机会，在挫败的打击中学会忍耐和坚强，如果生活中挫败还不够多的话，就人为地给自己制造挫败境遇的机会，以在多次的挫败遭遇中逐步地学会适应，从而增强对不利环境的适应性和耐受性。

抗干扰能力是意志品质的另一个方面。我们在追求目标或完成任务的过程中，总会经常遇到各种阻力和干扰，如任务本身的困难、外在环境或条件的限制、突发的意想不到的状况等。遇到这些阻力和干扰，除了需要我们随机应变的智慧和能力外，还特别需要排除各种干扰、下定决心、矢志不渝的顽强意志力。

抗诱惑能力和抗干扰能力都是意志力的组成部分。诱惑也是一种干扰，但它比一般的干扰更有害。干扰是公然的阻挠，而诱惑则是富有吸引力地引诱你偏离目标，走入歧途。从这个意义上，抗诱惑能力比抗干扰能力更不容易。一些大学生沉迷网游，自己也知道耽误了学习，影响了正常生活，但就是挡不住诱惑。

抗诱惑能力训练的基本方法：先列出自己最难挡的易受诱惑清单，接着拟定抗诱惑训练计划，明确当面对诱惑时应采取的行动，包括有为（目标行动）和无为（禁止行为），特别是对那些禁止行为一定要严格执行，稍有违反，就要有严厉的处罚措施。

三、本书的创新思维训练方法

1. 训练思路

创新思维方式很多，存在不同的分类，本书主要阐述几种主要的创新思维方式：发散思维、逆向思维、联想思维、类比思维、还原思维、系统思维和组合思维。

创新思维训练是指为了增强创新思维能力，有计划、有步骤地对创新思维能力进行训练的活动。创新思维训练把创新思维当作一种技能，认为通过训练可以增强其能力。传统教育一般不涉及思维训练，认为思维能力是知识增长的副产品。现代社会对创新思维能力提出了越来越高的要求，促使一些心理学家和思维研究人员对思维训练进行研究。**创新思维训练需要传授关于创新思维的一般知识、方法、规则等，通过训练题的训练，培养人的创新思维能力**，事实表明一些思维训练方法对提高非逻辑的创新思维能力行之有效。

本书在介绍七种创新思维理论的基础上，利用训练题进行思维训练，并结合汽车底盘结构拆装内容和知识特点，将在各章中贯穿被广泛应用和普遍认可的思维导图法和头脑风暴法的训练，强化两种思维训练方法的使用，下面首先介绍这两种创新思维训练方法的理论基础。

2. 思维导图法

人脑除了具有时间维度逻辑思维能力之外，还具有空间维度的直观思维和形象思维优势，直观思维关注的是事物之间的空间关系，形象思维关注的是事物属性。如果说语言文字是逻辑思维的工具，那么图像就是直观思维和形象思维的可视化工具。图示思维法可以快速提升思考速度、广度、深度，是最基本的形象思维训练方法。

最早根据人脑特征来研究图形思维方式的是英国著名心理学家托尼·巴赞，他在研究人脑的力量和潜能过程中，发现伟大的艺术家达·芬奇在他的笔记中使用了很多图画、代号和连线，他意识到这正是达·芬奇拥有超级头脑的秘密所在。在此基础上，托尼·巴赞于20世纪60年代首创了一种以直观形象的图示建立各个概念之间联系的方法，发明了思维导图这一风靡世界的思维工具。

（1）实施思维导图训练的方法

1）准备：几张白纸和不同颜色的笔。

2）步骤：把中心主题画在纸的中央，中心主题可以用关键字和图像来表示。关键字应该具体、有意义、有助于回忆。然后考虑次主题，即在上一层主题下延伸。在次主题后，罗列更为细节的要点。注意任何一个要点出现时，尽量自然地将它用关键字的方式表达出来，并把它和最相关的次主题连接起来。

3）整理思维过程：在完成思维导图后，再用阿拉伯数字把它们标记出来。任何一个次主题都要用一种颜色来表示，并尽可能用图像来表达一个关键字，这可以大大加深记忆。

(2) 思维导图法的用途

思维导图和传统的记录方法相比有较大优势，它顺应了大脑的自然思维模式，可以让各种观点自然地在图上表达出来，将思考要点和关键字记录在图中。人脑是由两部分组成，左脑负责逻辑、词汇、数字，右脑负责形象思维、直觉、创造力和想象力。大多数人都是视觉导向的，通过运用结构、关键字、颜色、图像、链接，将外部概念引入人脑思维，将中心主题与关联概念连接起来。

思维导图在制订计划、组织讨论、学习记忆等方面都具有重要用途。例如在讨论问题时，可以把整个讨论过程用思维导图的形式画出来。对于每一个新的观点，每个讨论者都给予一个不同的符号框图或颜色，使每个观点都可以在图上根据它的位置而判断出其重要性。其次，大家可以明显地看出讨论正在向哪个方向发展，是否有一两个人正在控制整个讨论过程，便于参与讨论的人把注意力集中在主题上而避免跑题，并刺激更多的人发表观点。而在汽车构造的学习过程中，可将汽车或其总成作为中心主题，将其组成的各个零件名称作为次主题，根据装配关系用连线将各个零件连接在一起，通过思维导图的形式将汽车构造以图像视觉的景象呈现，让学生掌握汽车及其总成结构，各个零件间的相互装配关系，便于学生理解记忆，掌握相关的知识，同时刺激学生的想象力和创造力，培养学生的图示思维方式。

3. 头脑风暴法

头脑风暴法的发明者是现代创造学的创始人，美国学者阿历克斯·奥斯本。所谓头脑风暴最早是精神病理学上的用语，原指精神病患者头脑中短时间出现的思维紊乱现象，病人会产生大量的胡思乱想。奥斯本借用这个概念来比喻思维高度活跃，打破常规的思维方式而产生大量创造性设想的状况，他于1938年首次提出头脑风暴思维方法，其目的在于无限制的自由联想和讨论，产生新观念或激发创新设想。

头脑风暴的特点是让与会者敞开思想，使各种设想在相互碰撞中激起脑海的创造性风暴，是一种集体开发创造性思维的方法，可分为直接头脑风暴法和质疑头脑风暴法。前者是在专家群体决策基础上尽可能激发创造性，产生尽可能多设想的方法；后者则是对前者提出的设想、方案逐一质疑，发现现实可行的方法。

采用头脑风暴法组织群体决策时，要集中有关专家召开专题会议，主持人以明确的方式向所有参与者阐明问题，说明会议的规则，尽力创造融洽轻松的会议气氛。主持人一般不发表意见，以免影响会议的自由气氛，由专家们自由提出尽可能多的方案。

(1) 实施头脑风暴法的方法

1) 确定议题。

头脑风暴法要求会前确定一个具体的议题，弄清问题的实质，找到问题的关键，设定解决问题所要达到的目标，对问题有准确的阐述，使与会人员明确会议需要解决的问题，较快产生设想，同时不限制可能的解决方案范围。

2) 会前准备。

为了使头脑风暴畅谈会效率高、效果好，应在会前做些准备工作。如收集一些可供参考的资料预先发给与会人员，让大家做好充分的准备。会场可将座位布置成圆环形，在头脑风暴正式开始前可以通过一些有创造力和趣味性的话题，让大家的思维处于轻松和活跃的境界。

3) 确定人选。

一般以 8~12 人为宜，与会者人数太少不利于交流信息、激发思维；而人数太多则不易掌控，且每个人发言机会相对减少，将会影响会场气氛。

4) 明确分工。

确定 1 名主持人，1~2 名记录员（秘书）。主持人的作用是在头脑风暴畅谈会开始时重申讨论的议题和纪律，在会议进程中启发引导，掌握进程，如通报会议进展情况，归纳某些发言的核心内容，提出自己的设想，活跃会场气氛，或者让大家静下来认真思索片刻再组织下一个发言高潮等。记录员的作用是将与会者的所有设想都及时编号，简要记录，最好写在黑板等醒目处，方便与会者看清。记录员也应随时提出自己的设想，切忌持旁观态度。

5) 规定纪律。

根据头脑风暴法的原则，可规定几条纪律，要求与会者遵守。如禁止批评和评论，也不要自谦；要集中注意力积极投入，自由畅谈，不要私下议论，以免影响他人的思考；发言要针对目标，开门见山，目标集中，追求设想数量；与会者之间相互尊重、平等相待，切忌相互褒贬等。

6) 掌握时间。

会议时间由主持人掌握，不宜在会前定死。一般来说，以几十分钟为宜。时间太短与会者难以畅所欲言，太长则容易产生疲劳感，影响会议效果。经验表明，创造性较强的设想一般要在会议开始 10~15 分钟后逐渐产生，会议时间最好安排在 30~45 分钟之间。若需要更长时间，就应把议题分解成几个小问题分别进行专题讨论。

（2）会后的设想处理

通过组织头脑风暴畅谈会，往往能获得大量与议题有关的设想。更重要的是会后对已获得的设想进行整理、分析，选出有价值的创造性设想加以开发实施。

头脑风暴法的设想处理通常安排在头脑风暴畅谈会后的 1~2 天内进行。在此之前，主持人或记录员（秘书）应向与会人员了解大家会后的新想法和新思路，补充会议记录。然后将大家的想法整理成若干方案，根据可识别性、创新性、可实施性等标准进行筛选。经过多次反复比较和优中择优，最后确定 1~3 个最佳方案。这些最佳方案往往是多种创意的优势组合，是集体智慧综合作用的结果。设想处理的方式一般有两种，一种是专家评审，可聘请有关专家及畅谈会与会者代表若干人（5 人左右为宜）承担这项工作；另一种是二次会议评审，即由头脑风暴畅谈会的参加者共同举行第二次会议，集体进行设想的评价处理工作。

（3）参与头脑风暴的好处

1) 可以创造良好的平台，提供一个能激发灵感、开阔思路的环境，易操作执行，具有很强的实用价值。

2) 每一个人的思维都能得到最大限度地开拓，在集体讨论问题的过程中，每提出一个新观念，都能引发相关的联想，相继产生一连串的新观念，为创造性地解决问题提供更多的可能性。

3) 人人自由发言，可以相互影响、相互感染、集思广益、形成热潮，能在短时间内突破固有观念的束缚，最大限度地发挥创造性的思维能力。心理学原理表明，人类有争强好胜心理，在有竞争意识的情况下，人的心理活动效率可增加50%或更多。

4）良好的沟通氛围有利于增加团队凝聚力，增强团队精神，有效锻炼一个人及团队的创造力，体现团队合作的智慧，并可以发现并培养思路开阔、有创造力的人才。

本书将在第三章至第九章中分别对常见的七种创新思维方式进行简要的理论概述，在实习过程中，通过课堂讨论、布置实习作业和自我训练等方式对学生的创新思维进行训练，使学生具备从事创新活动的基本素质和知识基础。

第三章

离合器拆装与创新思维训练

第一节 离合器概述

一、离合器的基本功用和类型

1. 离合器的基本功用

离合器是汽车底盘传动系统中直接与发动机相连的部件,位于发动机和变速器之间,具有以下基本功用:

1) 在汽车起步时,通过离合器主、从动部分之间的滑磨使它们的转速逐渐接近,以确保汽车起步平稳。

2) 当变速器换档时,通过离合器主、从动部分的迅速分离来切断动力的传递,以减轻齿轮轮齿间的冲击,保证传动系统换档时工作的平顺性。

3) 当传给离合器的转矩超过其所能传递的最大转矩时,其主、从动部分之间将产生滑磨,以防止传动系统过载。

2. 离合器的类型

离合器根据工作原理和传递转矩介质的不同,可分为摩擦离合器、液力离合器和电磁离合器。

由于摩擦离合器结构简单、功率损失小,在汽车上被广泛采用。摩擦离合器按照结构和工作特点可进行以下分类:

（1）根据所用压紧弹簧的形式分类　根据所用压紧弹簧的形式不同,摩擦离合器可分为膜片弹簧离合器、周布弹簧离合器和中央弹簧离合器,具体结构可扫二维码3-1观看。膜片弹簧离合器是采用膜片弹簧作为压紧弹簧。周布弹簧离合器是采用若干个螺旋弹簧作为压紧弹簧,并沿压盘圆周分布。中央弹簧离合器一般采用一个或两个圆柱形螺旋弹簧或矩形断面的锥形螺旋弹簧,并与压盘（或从动盘）同心安置在离合器中央。

二维码 3-1

（2）根据所用从动盘的数目分类　根据所用从动盘的数目不同,摩擦离合器可分为单盘离合器和双盘离合器,具体结构可扫二维码 3-2 观看。单盘离合器结构简

二维码 3-2

单，分离彻底，从动部分转动惯量小。双盘离合器可以传递更大的转矩，但中间压盘不易散热，从动部分转动惯量大，分离不易彻底。

（3）根据摩擦表面的工作条件分类　根据摩擦表面的工作条件不同，摩擦离合器可分为干式离合器和湿式离合器，具体结构可扫二维码3-3观看。干式离合器结构简单，广泛应用于汽车上。湿式离合器用油液来冷却和冲洗摩擦表面，散热良好，工作性能稳定，但结构复杂，质量大，成本高。

二维码3-3

二、摩擦离合器的组成和工作原理

摩擦离合器由主动部分、从动部分、压紧机构和操纵机构四部分组成，它是依靠相互压紧的主动部分与从动部分的接触面之间的摩擦作用来传递转矩的。 主、从动部分和压紧机构是保证离合器处于接合状态并能传递动力的基本结构，而离合器的操纵机构是使离合器分离的装置，摩擦离合器的构造如图3-1所示，工作原理可扫二维码3-4观看视频。

二维码3-4

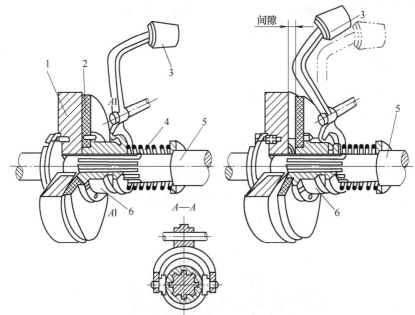

图3-1　摩擦离合器的构造和工作原理示意图
1—飞轮　2—从动盘　3—离合器踏板　4—压紧弹簧　5—从动轴　6—从动盘毂

发动机飞轮1是离合器的主动件，带有摩擦片的从动盘2和从动盘毂6借滑动花键与从动轴5（即变速器第一轴）相连。压紧弹簧4将从动盘压紧在飞轮端面上。发动机转矩靠飞轮与从动盘接触面之间的摩擦作用传到从动盘上，再经过从动轴传给变速器。压紧弹簧4的压紧力越大，则离合器所能传递的转矩也越大。

汽车行驶过程中，离合器的主动部分和从动部分均处于接合状态，摩擦副之间采用弹簧作为压紧装置就是为了适应动力传递的要求，而中断传动只是暂时的需要。分离离合器时，只要踩下离合器操纵机构中的离合器踏板3，套在从动盘毂环槽中的拨叉便拨动从动盘，克服压紧弹簧的压力向右移动而与飞轮分离，摩擦副之间的摩擦力消失，从而中断了动力传递。

重新恢复动力传递时，为使汽车速度和发动机转速变化比较平稳，应控制离合器踏板抬起的速度，使从动盘在压紧弹簧的压力作用下向左移动，与飞轮恢复接触，两者接触面间的压力逐渐增大，相应的摩擦力矩也逐渐增大。当飞轮和从动盘接合还不紧密、摩擦力矩比较小时，两者可以不同步旋转，即离合器处于打滑状态。随着飞轮和从动盘接合紧密程度的逐步增大，两者转速也渐趋相等。直到离合器完全接合而停止打滑时，汽车速度才与发动机转速成正比。

摩擦离合器所能传递的最大转矩取决于摩擦面间的最大静摩擦力矩，而后者是由摩擦面间最大压紧力和摩擦面尺寸及性质决定的。对于结构确定的离合器而言，静摩擦力矩是个定值。当输入转矩大于此值时，离合器出现打滑，因而限制了传动系统承受的转矩，防止超载。

第二节　离合器的拆装

一、拆装的目的和要求

1. 掌握摩擦离合器的主要零件名称、装配关系和工作原理。
2. 掌握离合器的拆装方法及注意事项。

二、设备器材

1. 膜片弹簧离合器和周布弹簧离合器。
2. 常用和专用工具及拆装工作台。

三、膜片弹簧离合器的结构简介和拆装

目前，汽车上广泛采用膜片弹簧离合器，其所用的压紧弹簧是一种用薄弹簧钢板制成的带有锥度的碟形弹簧，中心部分开有许多均布径向槽的圆锥形弹簧片。膜片弹簧可以看成由碟簧部分 1 和分离指部分 2 所组成，如图 3-2 所示。

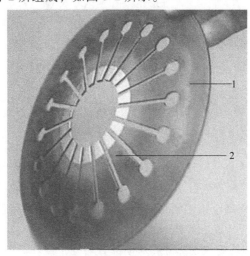

图 3-2　膜片弹簧
1—碟簧部分　2—分离指部分

膜片弹簧离合器根据分离时分离指内端的受力方向不同，可分为推式膜片弹簧离合器和拉式膜片弹簧离合器。当分离离合器时，分离指内端受力方向指向压盘，称为推式膜片弹簧

离合器；根据安装膜片弹簧的支承环数目不同，推式膜片弹簧离合器可分为双支承环、单支承环和无支承环三种结构形式。当分离离合器时，分离指内端受力方向离开压盘，称为拉式膜片弹簧离合器；根据安装膜片弹簧的支承环数目不同，拉式膜片弹簧离合器可分为单支承环和无支承环两种结构形式。具体结构可扫二维码3-5观看。

二维码3-5

其中，双支承环推式膜片弹簧离合器应用较广，下面对于膜片弹簧离合器的结构和拆装过程的讲解，以采用单盘双支承环推式膜片弹簧离合器的桑塔纳2000轿车为例来说明。

1. 膜片弹簧离合器的结构简介

图3-3所示为桑塔纳2000轿车离合器及安装在变速器前壳中的各操纵机构的零件分解图，主要由从动盘总成1、压盘和离合器盖总成2、分离叉轴4、分离轴承18及回位弹簧15、17等组成。膜片弹簧既是压紧弹簧，又是分离杠杆。膜片弹簧离合器具有质量小，结构简单，操纵轻便，且当摩擦片磨损后膜片弹簧的压紧力几乎不变的优点。

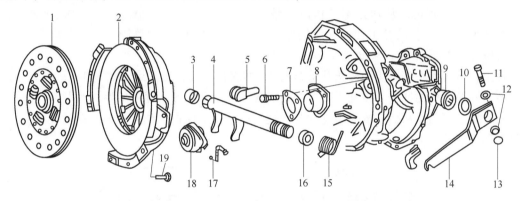

图3-3 桑塔纳2000轿车离合器分解图

1—从动盘总成 2—压盘和离合器盖总成 3—分离叉轴衬套 4—分离叉轴 5—拉索 6、11—螺栓
7、12—垫圈 8—分离轴承座 9—衬套座 10—挡圈 13—螺母 14—分离叉轴驱动臂
15、17—回位弹簧 16—橡胶防尘套 18—分离轴承 19—固定螺栓

压盘和离合器盖总成如图3-4所示，在膜片弹簧3上，靠中心部分开有18个径向切口，形成18个分离指，起分离杠杆作用。在膜片弹簧与离合器盖2的铆接位置，膜片弹簧的两侧有钢丝支承圈，通过9个固定铆钉4将其安装在离合器盖上。由压盘1与离合器盖2之间周向均布的三组弹簧钢片制成的传动片5，每组两片，一端用铆钉铆在离合器盖上，另一端用螺钉连接在压盘上。

带有扭转减振器的从动盘总成如图3-5所示，主要由从动盘毂4、从动盘本体2、摩擦片1、减振器弹簧3和减振器盘5等组成。从动盘本体由薄钢片制成，故其转动惯量较小，从动盘本体的两面各铆有一片摩擦片。从动盘毂的

图3-4 压盘和离合器盖总成

1—压盘 2—离合器盖 3—膜片弹簧
4—固定铆钉 5—传动片

花键孔套在从动轴前端的花键上,并可沿花键轴向移动。

在从动盘本体、从动盘毂和减振器盘上都开有4个矩形窗孔,每个窗孔内都装有减振器弹簧,从动盘本体和减振器盘上的窗孔有翻边,使4个减振器弹簧不至脱出。4个铆钉隔套6穿过从动盘毂上相对的4个缺口,隔套中的铆钉将从动盘本体和减振器盘铆紧,并把从动盘毂及两侧的减振阻尼片夹在中间。从动盘毂与铆钉隔套并不直接相连,它们之间留有间隙,以使从动盘毂和从动盘本体之间有相对转动的可能。从动盘不工作时的情况如图3-6a所示。从动盘工作时,两侧摩擦片所受摩擦力矩首先传到从动盘本体1和减

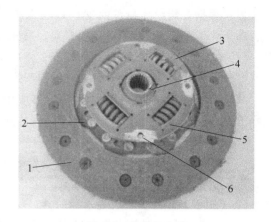

图3-5 从动盘总成
1—摩擦片 2—从动盘本体 3—减振器弹簧
4—从动盘毂 5—减振器盘 6—铆钉隔套

振器盘上,再经减振器弹簧2传给从动盘毂3,减振器弹簧即被压缩,如图3-6b所示,借此吸收传动系统所受的冲击。传动系统中的扭转振动导致从动盘本体及减振器盘与从动盘毂之间的相对往复摆动,从而可依靠阻尼片与上述三者之间的摩擦来消耗扭转振动的能量,使扭转振动迅速衰减。

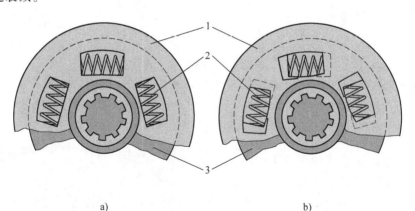

图3-6 扭转减振器工作示意图
a) 不工作时 b) 工作时
1—从动盘本体 2—减振器弹簧 3—从动盘毂

膜片弹簧离合器的工作原理如图3-7所示,在离合器盖2未固定到飞轮1上时,膜片弹簧4不受力,处于自由状态,此时离合器盖与飞轮安装面之间有一段距离。当将离合器盖用固定螺栓连接到飞轮上时,通过钢丝支承圈5压紧膜片弹簧使之发生弹性变形(锥角变小)。同时,在膜片弹簧外端对压盘3产生压紧力而使离合器处于接合状态。当分离离合器时,分离轴承7左移,推动分离指内端左移,则膜片弹簧以支承圈为支点转动(膜片弹簧呈反锥形),于是膜片弹簧外端右移,并通过分离弹簧钩6拉动压盘使离合器分离。

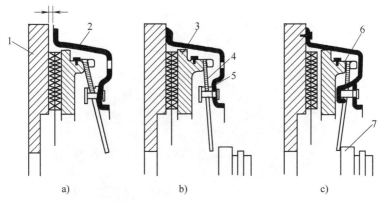

图 3-7 膜片弹簧离合器的工作原理
a）安装前 b）安装后 c）分离后
1—飞轮 2—离合器盖 3—压盘 4—膜片弹簧 5—支承圈 6—分离弹簧钩 7—分离轴承

由此可见，膜片弹簧离合器的主动部分由飞轮、离合器盖、压盘以及传动片等零件组成，从动部分由从动盘总成和从动轴组成，膜片弹簧是压紧和分离机构。离合器接合时，发动机动力经飞轮、离合器盖传到压盘，三者一起转动；踩下离合器踏板，经过操纵机构使传动片弯曲时，离合器分离。具体工作过程可扫描二维码 3-6 观看视频。

2. 膜片弹簧离合器的拆装

拆装前，先播放膜片弹簧离合器的拆装视频，或利用手机扫描二维码 3-7 观看离合器的拆装过程，掌握其拆装过程和方法。

（1）离合器的拆卸

1）拆下变速器总成，如图 3-8 所示，用 6mm 的内六角扳手拆卸连接离合器盖 3 与飞轮 1 的 6 个固定螺栓 2，注意以对角方式拧松固定螺栓。如图 3-9 所示，依次拆下压盘和离合器盖总成 1、带有扭转减振器的从动盘总成 2。

2）压盘和离合器盖总成的拆卸（原装为不可拆卸）。拆下传动片连接螺钉或替代铆钉的螺钉和分离钩固定螺钉（有些未设），依次取下压盘 1、前支承圈 2、膜片弹簧 3、后支承圈 4、离合器盖 6 和传动片 5，如图 3-10 所示。

3）从动盘和扭转减振器的拆卸（原装为不可拆卸）。带有扭转减振器的从动盘总成（参见图 3-5）拆卸时，首先拆下

图 3-8 拆卸固定螺栓
1—飞轮 2—固定螺栓 3—离合器盖

减振器盘与从动盘本体之间连接的 4 个铆钉。如图 3-11 所示，依次取出减振器盘 1、弹性垫圈 2、定位垫片 3、前减振器阻尼片 4、从动盘毂 5、后减振器阻尼片 6、减振器弹簧 7、摩

图 3-9 拆下压盘和离合器盖总成

1—压盘和离合器盖总成 2—从动盘总成 3—飞轮

图 3-10 压盘总成分解图

1—压盘 2—前支承圈 3—膜片弹簧 4—后支承圈 5—传动片 6—离合器盖

擦片 8 和从动盘本体 9。

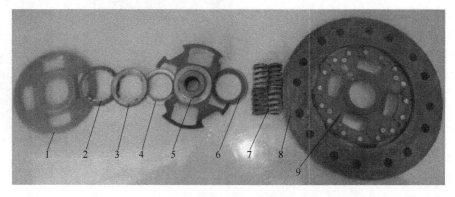

图 3-11 从动盘分解图

1—减振器盘 2—弹性垫圈 3—定位垫片 4—前减振器阻尼片 5—从动盘毂
6—后减振器阻尼片 7—减振器弹簧 8—摩擦片 9—从动盘本体

4）拆卸分离叉轴。参见图3-3，拆下分离叉轴驱动臂的固定螺栓11和螺母13，取下分离叉轴驱动臂14。再依次拆下回位弹簧17、分离轴承18。然后拆卸螺栓6，取下垫圈7、分离轴承座8、橡胶防尘套16和回位弹簧15，取出分离叉轴4。

(2) **离合器的装配** 装配时，按拆卸的相反顺序进行，同时还应注意以下几点：

1）检查飞轮中心上的变速器输入轴滚针轴承是否完好，并加注润滑脂，必要时更换。

2）安装从动盘时，应将有减振器盘的一面朝向压盘方向安装。

3）安装离合器盖和压盘总成时，需用导向定位器或变速器输入轴确定中心位置，使从动盘与压盘同心，便于安装输入轴。

4）将离合器盖上的装配标记和飞轮上的装配标记对准，从位于顶部锁销附近的螺栓开始，按对角交叉顺序，分别拧紧螺栓到规定力矩（25N·m），然后拔出导向定位器。

5）分离叉轴驱动臂的安装位置与固定拉索螺母架距离 a 为 200±5mm，如图3-12所示。

6）用15N·m的力矩拧上六角头螺栓，锁紧分离叉轴。

7）安装橡胶防尘套时将压簧推入分离叉轴，挡圈预压至18mm。

8）应将离合器踏板的自由行程调整为15~20mm，调整位置见图3-13中箭头所示的调整螺母。

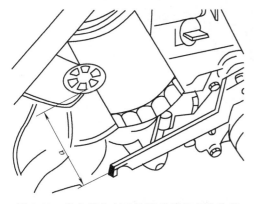

图3-12 离合器分离叉轴驱动臂的安装位置

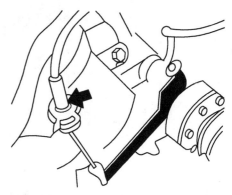

图3-13 调整离合器踏板的自由行程

四、周布弹簧离合器的结构简介和拆装

周布弹簧离合器的结构和拆装过程以东风EQ1090E型汽车为例说明。

1. 周布弹簧离合器的结构简介

东风EQ1090E型汽车采用单盘周布螺旋弹簧离合器，离合器中只设有一片从动盘，其前后两面都装有摩擦片，具有两个摩擦面，这种离合器传递的最大转矩一般不是很大，结构如图3-14所示。

离合器的主动部分、从动部分和压紧机构都装在发动机后方的离合器壳内，而操纵机构的各部分则分别位于离合器壳内部、外部和驾驶室中。

(1) **主动部分** 发动机飞轮2、离合器盖19和压盘16是离合器的主动部分。离合器盖和压盘之间是通过4组传动片33来传递转矩的。为使离合器分离时不至于破坏压盘的对中和离合器的平衡，4组传动片相隔90°沿圆周切向呈均匀分布。传动片除具有将离合器盖的动力传给压盘的作用外，还对压盘起导向和定心作用。离合器盖用螺钉固定在发动机飞轮

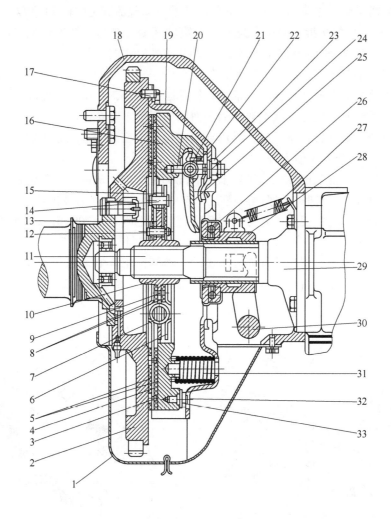

图 3-14 东风 EQ1090E 型汽车单盘周布螺旋弹簧离合器

1—飞轮壳底盖 2—飞轮 3—摩擦片铆钉 4—从动盘本体 5—摩擦片 6—减振器盘 7—减振器弹簧 8—减振器阻尼片 9—阻尼片铆钉 10—从动盘毂 11—变速器第一轴（离合器从动轴） 12—阻尼弹簧铆钉 13—减振器阻尼弹簧 14—从动盘铆钉 15—从动盘铆钉隔套 16—压盘 17—离合器盖定位销 18—离合器壳 19—离合器盖 20—分离杠杆支承柱 21—摆动支片 22—浮动销 23—分离杠杆调整螺母 24—分离杠杆弹簧 25—分离杠杆 26—分离轴承 27—分离套筒复位弹簧 28—分离套筒 29—变速器第一轴轴承盖 30—分离叉 31—压紧弹簧 32—传动片铆钉 33—传动片

上，因此，压盘也能随飞轮一起旋转。在离合器分离时，弹性的传动片产生弯曲变形（其两端沿离合器轴向作相对位移）。

（2）**从动部分** 从动部分由从动盘和从动轴组成。东风 EQ1090E 型汽车离合器的从动盘带有扭转减振器，如图 3-15 所示，由从动盘毂 5、从动盘本体 2、摩擦片 1 和 3 及减振器盘 6、阻尼片 7 等组成。从动盘毂的花键孔套在从动轴前端的花键上，可沿花键轴向移动。

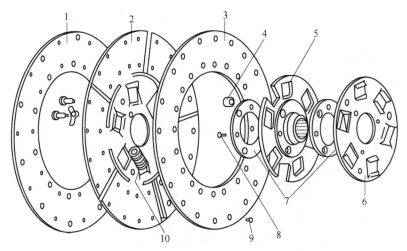

图 3-15　东风 EQ1090E 型汽车离合器的从动盘

1、3—摩擦片　2—从动盘本体　4—从动盘铆钉隔套　5—从动盘毂　6—减振器盘
7—阻尼片　8—阻尼器铆钉　9—摩擦片铆钉　10—减振器弹簧

为了使单盘离合器接合柔和、起步平稳，从动盘一般应具有轴向弹性。为此，往往在从动盘本体圆周部分沿径向和周向切槽，再将分别形成的扇形部分沿周向翘曲成波浪形；或在从动盘钢片外圆周铆接波形弹簧钢片，两侧的摩擦片分别与其对应的凸起部分铆接。这样从动盘被压缩时，压紧力随翘曲的扇形部分被压平而逐渐增大，从而达到接合柔和的效果。

(3) **压紧机构**　如图 3-14 所示，压紧机构主要由 16 个沿圆周分布于压盘和离合器盖之间的螺旋压紧弹簧 31 组成。在弹簧压力作用下，压盘 16 压向飞轮 2，并将从动盘夹紧在中间，使离合器处于接合状态。发动机的转矩一部分由飞轮经与之接触的摩擦片 5 直接传给从动盘本体 4；另一部分由飞轮通过 8 个固定螺钉传给离合器盖，并经传动片传给压盘，最后也通过摩擦片传给从动盘本体。从动盘本体再将转矩通过从动盘毂的花键传给从动轴，动力由此输入变速器。为了减少压盘向压紧弹簧传热，防止压紧弹簧受热后弹力下降，在压盘与压紧弹簧接触处铸有肋板，以减小接触面积，并在接触面间加装隔热垫。

(4) **分离机构**　如图 3-14 所示，用薄钢板冲压制成的分离杠杆 25 中部通过浮动销 22 支承在分离杠杆支承柱 20 的方孔中，外端通过一个凹形摆动支片 21 顶在压盘凸耳上。弹簧使分离杠杆外端始终压紧摆动支片。分离杠杆以浮动销为支点摆动，浮动销在方孔的平面上滚动，摆动支片摆动，从而消除运动干涉。

(5) **操纵机构**　如图 3-14 所示，操纵机构中的分离轴承 26 及分离套筒 28、分离叉 30 装在离合器壳 18 内部；而分离叉臂、分离杠杆、踏板轴、踏板臂和踏板等则装在离合器壳的外部及驾驶室内。

离合器在压紧弹簧的作用下经常处于接合状态，只有在必要时才暂时分离。当在分离杠杆内端施加一个向前的水平推力时，分离杠杆绕支点摆动，其外端通过摆动支片推动压盘克服压紧弹簧的力而后移，从而解除对从动盘的压紧力，即进入了分离状态。当需要使离合器由分离状态恢复接合时，驾驶人放松离合器踏板。踏板和分离叉分别在弹簧作用下退回原位，于是压紧弹簧又使离合器恢复接合状态。

为了及时散出摩擦面间产生的热量，离合器盖一般用钢板冲压制成，在其侧面与飞轮接触处有 4 个缺口，装配后形成 4 个窗口。当离合器旋转时，空气将不断地循环流动以通风散热。

2. 周布弹簧离合器的拆装

东风 EQ1090E 型汽车离合器的零件分解图如图 3-16 所示。

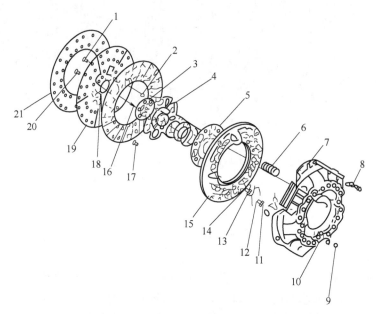

图 3-16 东风 EQ1090E 型汽车离合器的零件分解图

1—从动盘铆钉 2—从动盘铆钉隔套 3—减振器阻尼片 4—从动盘毂 5—离合器减振盘 6—压紧弹簧 7—传动片 8—平衡片 9—分离杆调整螺母 10—离合器盖 11—摆动支承片 12—分离杆 13—浮动销 14—支承螺柱 15—压盘 16—减振器阻尼片铆钉 17—摩擦片铆钉 18—减振器弹簧 19—从动盘本体 20—减振器阻尼弹簧铆钉 21—摩擦片

(1) 离合器的拆卸

1) 如图 3-17 所示，把离合器盖及压盘总成 1 放在压力机 3 上，压力机下部用一块厚度大于 10mm 的垫块 4 垫起，在离合器盖上加压使压紧弹簧压缩后，拆下分离杠杆调整螺母 2，拧下螺栓座上的螺栓。

2) 慢慢放松压力机上的压紧力，将离合器盖及压盘总成全部解体。

3) 拆下一组分离杠杆、摆动支承片、支承螺栓、浮动销。详细观察分离杠杆的防干涉结构及各零件的连接关系。研究离合器在接合位置和分离位置时，支承片的摆动情况。

4) 观察从动盘与摩擦片、从动盘毂的铆接情况以及扭转减振器的构造和各零件的相互关系，清楚转矩从摩擦片到从动盘毂的传递路线。

(2) 离合器的装配 装配时，按拆卸的相反顺序进行，主要步骤如下：

1) 在离合器盖上装上分离杠杆弹簧。

2) 将压盘放在平台上，在压盘凸块内侧放上支承片、分离杠杆，插入支承螺栓，穿入浮动销。

3) 把 16 个离合器压紧弹簧放在压盘的弹簧座上，使 4 个支承螺栓对正离合器盖相应的孔，然后在离合器盖上加压，在支承螺栓的端头拧上分离杠杆调整螺母。

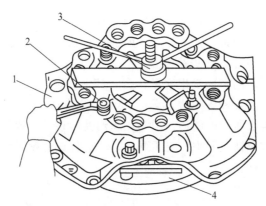

图 3-17 用专用工具拆装离合器

1—离合器盖及压盘总成　2—分离杠杆调整螺母　3—压力机　4—垫块

4）将摆动支承片拨正，把传动片螺栓拧紧。

5）用分离杠杆调整螺母将分离杠杆调在同一高度，然后用锁紧螺母锁紧。

发 散 思 维

一、发散思维的概念

发散思维是相对于聚合思维而言的，又称"辐射思维""放射思维""多向思维""扩散思维"或"求异思维"，是指大脑在思维时呈现"扩散"状态的一种思维模式。它表现为思维视野广阔，思维呈现出多维发散状，如"一题多解""一事多写""一物多用"等方式。发散思维是一种沿着各种不同的途径去思考，探求多种答案的思维。

二、发散思维的特征

相对于聚合思维，发散思维有几个明显的特点：

（1）**灵动性**　灵动性或称灵活性、流畅性、变通性。也就是很少受到既定的、习惯化思维模式的束缚或制约。发散思维的灵动性特征充分展示出人的思维的生机与活力。

（2）**独特性**　指在发散思维中做出不同寻常的异于他人或常人的新奇反应的能力。人与人之间由于知识经验、情趣爱好、思维习惯、情境心境等的不同，对同一事物、现象和问题的认识和思维都会有各自不同的视角和取向，从而产生各具特色的思维成果。

（3）**多样性**　从理论上说，发散思维不仅是平面的、多维的，也是立体的、多向的。发散的宽度和广度几乎是无限的。

（4）**多变性**　发散思维的灵动性特征必然带来多变性。对同一个思维主体来说，随着时间的推移和角色的转换，对同一事物、现象和问题的认识和思维也会发生一定的变化，这一变化对思维品质的提升是有积极意义的。

（5）**多感官的整合性或多感官性、多通道性**　发散思维不仅依赖常见的视觉和听觉，而且也充分利用其他感官如嗅觉、味觉、触觉和直觉等，接收尽可能多的信息并进行加工。

多感官通道既是发散思维的特点,也是促使思维发散性的条件。

发散思维还与情感密切相关。如果思维者能够对思维对象激发兴趣,产生激情,把信息感性化,赋予信息以感情色彩,会提高发散思维的速度与效果。心理学家曾做过这样的试验:在黑板上画一个圆圈,问在座学生这是什么。其中大学生回答很一致:"这是一个圆。"而幼儿园的小朋友则给出了各种各样的答案:"太阳""皮球""镜子"等,可谓五花八门。或许大学生的答案更加符合所画的图形,但是比起幼儿园孩子来说他们的答案是不是显得有些单调呆板,缺乏感性或感情色彩呢?更重要的是,感性或情感因素赋予思维更加生动、形象、丰富的多样性和发散性。

再看一个例子:

一只杯子掉下来,碎了。这是个什么问题呢?

1. 物理题。因为这是自由落体运动,多高才能碎呢?

2. 化学题。杯子里装着酒精,掉进了火堆里。

3. 经济题。那是刚买的,如今碎了还要再买一个,去取钱的时候卡忘在了ATM里。

4. 语文题。你让我太伤心了,伤得就如同这只杯子一样……

5. 社会问题。杯子从大厦楼顶掉下,砸死了一个人,引起骚乱,被定性为恐怖袭击。

6. 心理问题。那一声破碎的声音触动了一个女孩,于是她花了一下午的时间去查询"为什么噪声会让人紧张?"

7. 情感问题。那是男朋友送给自己的情侣杯,这会造成一次感情风波。

8. 时间问题。杯子摔碎了,乱了心情,还要再买,直接提升了时间成本。

9. 历史问题。那是乾隆用过的杯子,有很多关于它的故事,是那段历史的唯一承载,如今碎了,结果一段历史就这样彻底消失了。

10. 政治宗教问题。那是来我国参展的基督教的圣杯,结果被一官员不小心打碎了,那一幕又恰好被国际记者拍到,因此成了一个政治和宗教问题。

……

以下这个例子大家可能更为熟悉,也更为典型:

老师问同学:"树上有10只鸟,开枪打死1只,还剩几只?"

这是一个传统的脑筋急转弯题目,不够聪明的人会老老实实地回答"还剩9只",聪明的人回答"1只不剩",但是有个孩子却是这样反应的。

他反问:"是无声手枪吗?"

"不是。"

"枪声有多大?"

"80分贝至100分贝。"

"那就是会震得耳朵疼?"

"是。"

"在这个城市里打鸟犯不犯法?"

"不犯。"

"您确定那只鸟真的被打死啦?"

"确定。"老师已经不耐烦了,"拜托,你告诉我还剩几只就行了,OK?"
"OK,树上的鸟里有没有聋子?"
"没有。"
"有没有关在笼子里的?"
"没有。"
"边上还有没有其他的树,树上还有没有其他的鸟?"
"没有。"
"有没有残疾的鸟或饿的飞不动的鸟?"
"没有。"
"算不算怀孕肚子里的小鸟?"
"不算。"
"打鸟的人眼睛有没有花?保证是10只?"
"没有花,就10只。"
老师已经满头大汗,但那个孩子还在继续问:"有没有傻得不怕死的?"
"都怕死。"
"会不会一枪打死两只?"
"不会。"
"所有的鸟都可以自由活动吗?有没有鸟巢?里边有没有不会飞的小鸟?"
"没有鸟巢。所有的鸟都可以自由活动。"
"如果您的回答没有骗人,"学生满怀信心地说。"打死的鸟要是挂在树上没掉下来,那么就剩1只,如果掉下来,就1只不剩。"
这位学生的话还没说完,习惯于标准答案的老师已经晕倒了!

可见,发散思维的价值不仅仅是思维的灵活性和创新性,而且也是对现实世界复杂性的全面、准确的反映。正是在这个意义上,发散思维不仅具有丰富想象力的艺术价值,也具有反映客观现实的科学价值。

三、发散思维的训练方法

(1) 一般方法

1) 材料发散法。某个物品可以由哪些材料制造,或某一材料可以制成哪些物品。
2) 功能发散法。从某事物的功能出发,构想出获得该功能的各种可能性。
3) 结构发散法。以某事物的结构为发散点,设想出利用该结构的各种可能性。
4) 形态发散法。以事物的形态为发散点,围绕一个目标,设想出多种形态的选择和利用方案。
5) 组合发散法。以某事物为发散点,尽可能多地把它与别的事物进行组合生成新事物。
6) 方法发散法。以某种方法为发散点,围绕一个目标设想出多种方法的选择和利用方案。
7) 因果发散法。以某个事物发展的结果为发散点,推测出造成该结果的各种原因,或者由原因推测出可能产生的各种结果。

（2）**假设推测法** 假设的问题不论是任意选取的，还是有所限定的，所涉及的都应当是与事实相反的情况，是暂时不可能的或是现实不存在的事物对象和状态。由假设推测法得出的观念可能大多是不切实际的、荒谬的、不可行的，这并不重要，重要的是有些观念在经过转换后，可以成为合理的、有用的思想。例如，假设人类能够发明一种吃了可以不需要睡眠也能很好生活的药，社会将会怎样？

（3）**集体发散法** 发散思维虽然具有灵动性、多样性等特征，但任何一个人思维的发散性事实上都是有限的，为此，集体发散法就是弥补个人思维局限的一个很好的方法。集体思维的发散不仅直接以不同的思维角度与走向相互补充，还能够彼此碰撞和启发，激活每个人思维的灵动性或活力，产生出更多的思维成果。集体相对于个人不是简单的算术加和的关系，而往往呈现出倍数和指数级增长。平时我们把专题讨论会戏称为"诸葛亮会"，还有"头脑风暴法"等就是集体发散法的实践运用。

一、课堂训练内容

1. 利用头脑风暴法讨论离合器哪些地方的改进能够提高离合器的性能。

2. 运用发散思维从功能、原理、结构、制造、使用、性能、维护、价格、时尚、美感等多角度对离合器进行思考，从离合器提供的思维方向中寻找关于新产品的设计思路。

二、作业和自我训练

1. 作业
利用思维导图法画出离合器的各个主要组成部分的关系图。

2. 自我训练

1）对离合器从动盘等零件进行思考，画出由从动盘的思维方向发散出的关于新产品的设想。

2）思考如何在离合器中实现扭转减振。

3）思考离合器踏板自由行程的作用，过大或过小会产生什么不良影响？思考影响离合器踏板自由行程的因素。

4）增加汽车的功能，能把汽车组成哪些专用汽车？

5）简述推式和拉式膜片弹簧离合器工作的异同点，并发散思考是否还有其他的形式。

6）思考为什么离合器从动部分的转动惯量要尽量小。

7）思考离合器的操纵机构有哪几种。各有什么特点。

8）思考在现有的离合器上增加一些其他的功能，并简述如何实现。

第四章

变速器拆装与创新思维训练

第一节 变速器概述

一、变速器的功用和类型

1. 变速器的功用

为保证汽车驱动力和车速能在较大范围内变化,传动系统中设置了变速器,其功用为:

1) 实现变速变矩。通过改变传动比,扩大驱动轮转矩和转速的变化范围,以适应经常变化的行驶条件(如起步、加速、上坡等),同时使发动机在有利(功率较高而耗油率较低)的工况下工作。

2) 实现汽车倒车。在发动机曲轴旋转方向不变的前提下,使汽车能倒退行驶。

3) 实现中断动力传递。利用变速器空档中断动力传递,以使发动机能够起动、怠速,并便于变速器换档或进行动力输出。

2. 变速器的类型

(1) **按传动比变化方式分类** 按传动比变化方式的不同,变速器可分为有级式变速器、无级式变速器和综合式变速器三种。

有级式变速器采用齿轮传动,具有若干个定值传动比。按所用轮系形式不同,有普通齿轮变速器和行星齿轮变速器两种。通常,轿车和轻、中型货车变速器有3~5个前进档和1个倒档,重型货车用的组合式变速器中,可有8~20个档位。

无级式变速器的传动比可在一定范围内连续变化。目前,无级变速器一般采用金属带传递动力,通过主、从动带轮直径的变化实现传动比的连续变化,也有汽车采用电力式或液力式的无级式变速器。

综合式变速器是指由液力变矩器和齿轮式有级变速器组成的液力机械式变速器,其传动比可在最大值和最小值之间的几个间断范围内作无级变化,目前应用较多。

(2) **按操纵方式分类** 按操纵方式的不同,变速器可分为手动变速器、自动变速器和手动自动一体变速器三种。

手动变速器利用手操纵变速杆换档。

自动变速器换档是自动进行的,变速器的控制系统根据发动机负荷和车速信号控制换档执行元件,驾驶人只需操纵加速踏板即可控制车速。

手动自动一体变速器可以自动换档也可以手动换档。

本章只介绍手动有级普通齿轮变速器。**普通齿轮变速器按传动齿轮轴的数目,可分为两轴式变速器和三轴式变速器两种**。

二、变速器的组成和工作原理

变速器是由变速传动机构和操纵机构两部分组成的,根据需要,还可加装动力输出器。变速传动机构主要由齿轮、轴及变速器壳体等零部件组成,它利用不同齿数的齿轮对相互啮合,达到改变变速器传动比的目的,通过增加齿轮传动的对数,实现倒档。

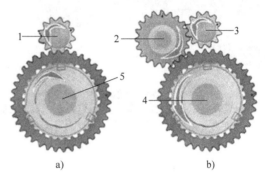

图 4-1 齿轮传动的基本原理
a) 前进档 b) 倒档
1、3—输入轴 2—倒档轴 4、5—输出轴

普通齿轮变速器的传动原理如图 4-1 所示,输入轴 1、3 上小齿轮为主动轮,输出轴 4、5 上大齿轮为从动轮,将动力输出。因此,齿轮传动时,转速降低转矩增加,传动比为主动齿轮与从动齿轮的转速之比,反之若主动轮为大齿轮,动力经小齿轮输出,则转速增加转矩降低。由图 4-1 可见,外啮合的一对齿轮旋向相反,每经过一对传动副,轴的转向改变一次,变速器的倒档是加装了一根倒档轴和倒档中间齿轮(此为惰轮),使变速器输出轴旋转方向与前进档时的相反,从而可以实现汽车倒退行驶。汽车变速器根据此原理,利用若干大小不同的齿轮副传动,实现变速、变矩和变向,以适应汽车行驶工况的要求。变速器的工作过程可利用手机扫描二维码 4-1 观看视频。

二维码 4-1

第二节 两轴式变速器传动机构的拆装

一、拆装的目的和要求

1. 掌握两轴式变速器的主要零件名称、装配关系、变速原理及其动力传递路线。
2. 掌握两轴式变速器的正确拆装方法及注意事项。

二、设备器材

1. 桑塔纳 2000 轿车变速器,昌河微型轿车变速器。
2. 常用和专用工具及拆装工作台。

三、两轴式变速器传动机构的结构简介和拆装

两轴式变速器常用于发动机前置前轮驱动或后置后轮驱动的轿车和微、轻型货车的传动系统。两轴式变速器传动系统中,**变速器、主减速器和差速器组装成一体,称为变速驱动**

桥，缩短了动力传动路线，具有结构简单紧凑、体积小、质量小、传动效率高等优点。

考虑到结构的典型性，本节两轴式变速器的结构、变速原理和拆装过程以桑塔纳2000轿车为例说明。

1. 两轴式变速器传动机构的结构简介

（1）传动机构的结构　桑塔纳2000轿车两轴式变速器的结构剖面图如图4-2所示，它是一种典型的与纵向布置发动机配合使用的两轴变速器。其传动机构主要由输入轴总成2、输出轴总成5、倒档轴总成、支承轴承和壳体（前壳体1、齿轮箱体3、后壳体4）等组成，有五个前进档和一个倒车档。动力传递主要依靠两根相互平行的输入轴和输出轴完成，动力从输入轴输入，经一对齿轮传动后，直接由输出轴输出，倒档轴用于实现汽车倒退行驶。

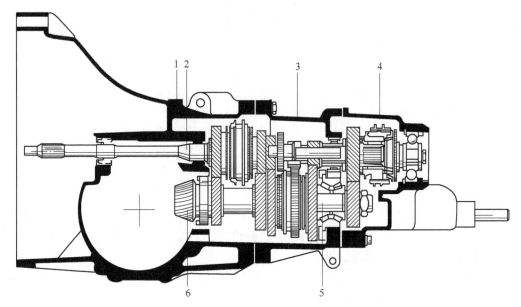

图4-2　桑塔纳2000轿车变速器结构剖面图

1—前壳体　2—输入轴总成　3—齿轮箱体　4—后壳体（后盖）　5—输出轴总成　6—主减速器主动锥齿轮

如图4-2所示，输入轴前端通过花键与离合器从动盘毂连接，中间及后端通过轴承支承在变速器壳体上。输入轴上共有六个齿轮，其中一、二档和倒档的主动齿轮与输入轴固接，三、四、五档主动齿轮分别用滚针轴承空套在输入轴上，三、四、五档的同步器通过花键毂与输入轴固接。输出轴与主减速器主动锥齿轮6制成一体，通过前后两端的轴承支承在变速器壳体上。一、二档从动齿轮用滚针轴承空套在输出轴上，三、四、五档从动齿轮与输出轴固接。一、二档同步器通过花键毂与输出轴固接，倒档齿轮与该同步器接合套连成一体。

（2）档位与传动比　图4-3所示为桑塔纳2000轿车变速器传动机构示意图，驾驶人通过变速器操纵机构可挂上所需档位。

1）空档。图4-3所示为变速器的空档位置。当输入轴1旋转时，一、二档及倒档的主动齿轮（13、9、11）与之同步旋转。三、四、五档的主动齿轮（8、2、14）则处于自由状态。一、二档的从动齿轮（21、27）随输入轴1的旋转而在输出轴31上空转，输出轴31无动力输出，汽车处于静止或空档滑行状态。

2）一档。操纵变速杆，通过拨叉使同步器接合套24右移，与一档同步器锁环23和一

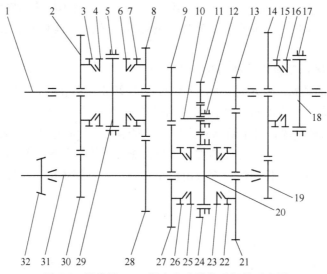

图 4-3 桑塔纳 2000 轿车变速器传动机构示意图

1—输入轴 2—四档主动齿轮 3、7、15、22、26—接合齿圈 4、6、16、23、25—同步器锁环
5、17、24—同步器接合套 8—三档主动齿轮 9—二档主动齿轮 10—倒档齿轮轴
11—倒档主动齿轮 12—倒档中间齿轮 13——档主动齿轮 14—五档主动齿轮
18、20、29—同步器花键毂 19—五档从动齿轮 21——档从动齿轮 27—二档从动齿轮
28—三档从动齿轮 30—四档从动齿轮 31—输出轴 32—主减速器主动齿轮

档从动齿轮接合齿圈 22 接合后，动力经输入轴依次经过一档主动齿轮 13、一档从动齿轮 21、接合齿圈 22、同步器接合套 24、同步器花键毂 20，传给输出轴 31，直至主减速器。一档传动比为齿轮 21 与 13 的齿数之比。

3）二档。操纵变速杆，通过拨叉使同步器接合套 24 左移，退出一档进入空档。继续左移，与二档的同步器锁环 25 和二档从动齿轮接合齿圈 26 接合，动力经输入轴依次经过二档主动齿轮 9、二档从动齿轮 27、接合齿圈 26、同步器接合套 24、同步器花键毂 20，传给输出轴 31，直至主减速器。二档传动比为齿轮 27 与 9 的齿数之比。

4）三档。操纵变速杆，通过拨叉使同步器接合套 5 右移，与三档同步器锁环 6 和三档主动齿轮接合齿圈 7 接合后，动力经输入轴依次经过同步器花键毂 29、接合套 5、接合齿圈 7、齿轮 8、齿轮 28，传给输出轴 31，直至主减速器。三档传动比为齿轮 28 与齿轮 8 的齿数之比。

5）四档。操纵变速杆，通过拨叉使接合套 5 左移，退出三档进入空档。继续左移，与四档同步器锁环 4 和四档主动齿轮接合齿圈 3 接合后，动力经输入轴依次经过花键毂 29、接合套 5、接合齿圈 3、齿轮 2、齿轮 30，传给输出轴 31，直至主减速器。四档传动比为齿轮 30 与 2 的齿数之比。

6）五档。操纵变速杆，通过拨叉使同步器接合套 17 左移，与五档同步器锁环 16 和五档主动齿轮接合齿圈 15 接合后，动力经输入轴依次经过同步器花键毂 18、接合套 17、接合齿圈 15、齿轮 14、齿轮 19，传给输出轴 31，直至主减速器。五档传动比为齿轮 19 与 14 的齿数之比。

7）倒档。操纵变速杆，通过拨叉拨动倒档轴上的中间齿轮 12，使其同时与输入轴上的倒档主动齿轮 11 及输出轴一、二档同步器接合套 24 上的倒档从动齿轮相啮合。动力经齿轮 11、12，传至倒档从动齿轮，由花键毂 20 传给输出轴，直至主减速器。由于在动力传递的过程中多了一个中间齿轮 12，所以输出轴的旋转方向与各前进档位相反。倒档传动比为倒档的从动齿轮与主动齿轮 11 的齿数之比。

桑塔纳 2000 轿车变速器除倒档外，所有前进档均为一对常啮合齿轮，并且全都采用同步器换档，故传动效率比较高，换档迅速，操纵轻便，减少了换档时的冲击和噪声。

2. 两轴式变速器的拆装

拆装前，先播放桑塔纳 2000 变速器的拆装视频，或利用手机扫描二维码 4-2 观看拆卸过程，掌握其拆装过程和方法。

二维码 4-2

（1）桑塔纳 2000 变速器的拆卸

1）变速器后壳体罩和输入轴后端固定螺栓的拆卸。用一字槽螺钉旋具 1 撬动变速器后壳体罩 2，取下后壳体罩，如图 4-4 所示。然后用 17mm 套筒及气动扳手 1 拆下输入轴后端的固定螺栓 2，取出螺栓及垫片，如图 4-5 所示。

2）变速器后壳体的拆卸。用 6mm 的内六角扳手及棘轮手柄按对角旋松 10 个 M8 的固定螺栓 2，用快速摇柄 1 取出 10 个螺栓，如图 4-6 所示。然后用橡胶锤子敲击变速器后壳体 3，使其松动，取出后壳体。

图 4-4 拆卸变速器后壳体罩
1—一字槽螺钉旋具 2—后壳体罩

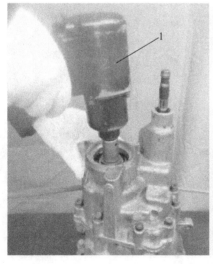

图 4-5 拆卸输入轴后端的固定螺栓
1—气动扳手 2—固定螺栓

3）变速器换档杆的拆卸。将后壳体内的三、四档拨叉轴 2 连同换档杆 1 一起向外拉，使三、四档拨叉轴位于挂到三档的位置，如图 4-7 所示。将换档杆向外倾斜，使其拨块顶部（如图中指示杆所示）偏出三、四档拨叉轴凹槽，拔出换档杆。

4）五档主动齿轮机构的拆卸。用一字槽螺钉旋具撬起五档同步器锁环 2 和五档接合齿圈 1，如图 4-8 所示。再用冲子 1 铣出五档拨叉轴 2 的定位销，如图 4-9 所示，然后用撬杆撬起五档主动齿轮 5，将同步器花键毂、接合套连同五档拨叉 4 整体取出。然后如图 4-10 所示，用一字槽螺钉旋具撬起空套在输入轴上的两个滚针轴承 1 及其轴套和钢环垫片 2，并取出。

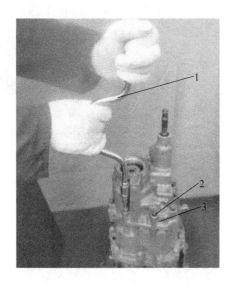

图 4-6　拆卸后壳体
1—快速摇柄　2—固定螺栓　3—后壳体

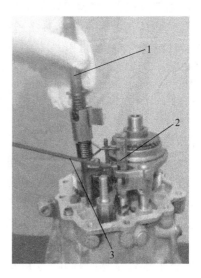

图 4-7　换档杆的拆卸
1—换档杆　2—三、四档拨叉轴　3—指示杆

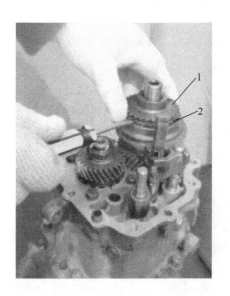

图 4-8　拆卸五档同步器锁环和接合齿圈
1—五档接合齿圈　2—五档同步器锁环

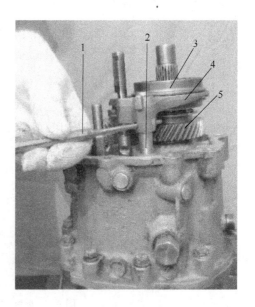

图 4-9　拆卸定位销
1—冲子　2—五档拨叉轴　3—接合套
4—五档拨叉　5—五档主动齿轮

5）五档从动齿轮的拆卸。用一字槽螺钉旋具撬开五档从动齿轮固定螺母上的锁扣，如图 4-11 所示。再用 32mm 套筒和气动扳手拧下固定螺母，然后用一字槽螺钉旋具撬起五档从动齿轮，取出五档从动齿轮。

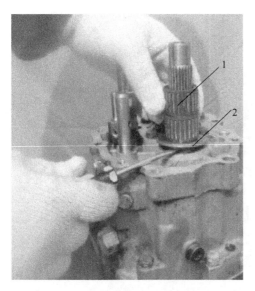

图 4-10　拆卸滚针轴承和钢环垫片
1—滚针轴承　2—钢环垫片

图 4-11　拆卸五档从动齿轮
1—锁扣　2——字槽螺钉旋具
3—固定螺母　4—五档从动齿轮

6）齿轮箱体总成的拆卸。如图 4-12 所示，用 13mm 的套筒及棘轮手柄 1 按对角旋松 11 个 M8 的固定螺栓 3，用快速摇柄取出 11 个螺栓。再用橡胶锤子敲击齿轮箱体 2 的外壳，用一字槽螺钉旋具在定位销处轻轻敲动外壳，取出齿轮箱体及变速齿轮机构总成。

7）齿轮箱体内齿轮组的拆卸。如图 4-13 所示，将所有档位拨至空档。用冲子把一、二档拨叉轴上的换档杆定位销铳出。再用 13mm 的套筒和棘轮手柄按对角旋松并取出 4 个 M8 的输出轴轴承定位螺栓 1。然后用冲子把三、四档拨叉轴上的定位销铳出，用 24mm 呆扳手拆下倒档定位销 2。如图 4-14 所示，用 T50 内六角花键扳手 1 拆下 M8 的内六角倒档拨叉定位螺栓，取出倒档齿轮轴。用铝棒将输入轴 2，输出轴 3，三、四档拨叉，倒档机构，一、二档拨叉和拨叉轴一同敲出齿轮箱体 4。

8）输入轴定位轴承的拆卸。如图 4-15 所示，将齿轮箱体输入轴定位轴承上的挡圈用卡簧钳取出，用专用轴承冲子将轴承取出。

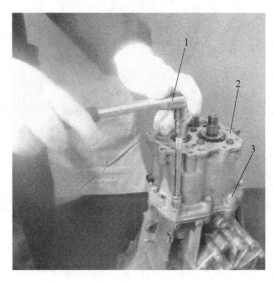

图 4-12　拆卸齿轮箱体总成
1—棘轮手柄　2—齿轮箱体　3—固定螺栓

9）同步器的拆卸。拆卸同步器的同步器锁环 1、滑块 2、接合套 3、花键毂 4，如图 4-16 所示，花键毂内有弹簧，了解同步器的换档过程。

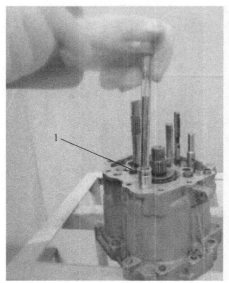
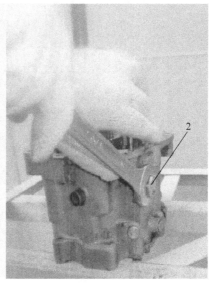

图 4-13 拆卸轴承定位螺栓和定位销
1—轴承定位螺栓 2—倒档定位销

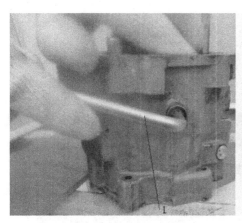

图 4-14 拆卸输入轴和输出轴总成
1—T50 内六角花键扳手 2—输入轴 3—输出轴 4—齿轮箱体

(2) 桑塔纳 2000 变速器的装配

二维码 4-3

装配前,先播放桑塔纳 2000 变速器的装配视频,或利用手机扫描二维码 4-3 观看装配过程,掌握正确的装配方法。

1) 输出轴总成的装配。如图 4-17 所示,先将原齿轮箱体 1 上的三、四档拨叉轴 5,五、倒档拨叉轴 6 放在空档位置。再将两只垫片放在输出轴轴承座上(可用黄油将垫片粘在一起),注意垫片上的圆弧缺口放对位置。将输出轴及轴上齿轮组 2 与一、二档拨叉 3 及其拨叉轴 4 对好位置放入齿轮箱体中。然后用 13mm 的套筒和棘轮手柄将 4 个 M8 的固定螺栓拧在输出轴的轴承座上,按对角并分几次拧紧至规定的力矩。

2) 倒档轴总成的装配。如图 4-18 所示,将倒档齿轮 2 和倒档齿轮轴 1 装入齿轮箱体中,注意拨叉螺栓 5 在齿轮箱体与倒档拨叉 4 间的螺纹数应保持在三个螺纹的间距,如图中

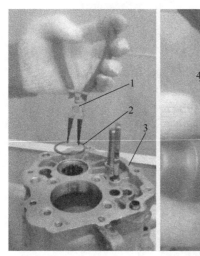 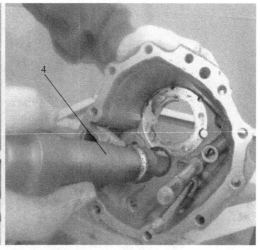

图 4-15 拆卸输入轴定位轴承

1—卡簧钳 2—挡圈 3—齿轮箱体 4—专用轴承冲子

图 4-16 拆卸同步器

1—同步器锁环 2—滑块 3—接合套 4—花键毂

指示杆 6 所示,强行旋入则会损坏螺栓。

3)输入轴的装配。将三根拨叉轴 4、5、6 都放在空档位置,然后将三、四档拨叉轴 5 向下敲退,退至在安装输入轴和三、四档拨叉时不受影响为止。如图 4-19 所示,将输入轴及其齿轮组 1 连同三、四档拨叉 3 装入齿轮箱体中,同时三、四档拨叉套入其拨叉轴 2 上。然后将三、四档拨叉轴 2 向上敲起,进入空档位置为止,用冲子 5 将定位销 4 敲入三、四档拨叉及其拨叉轴中。

4)装配输入轴定位轴承。如图 4-20 所示,将齿轮箱体 1 翻转 180°,将输入轴定位轴承套入输入轴中,再用专用工具 2 将轴承敲入齿轮箱体中。注意:在输入轴 3 的下端用一块木头 4 作为支撑。然后用卡簧钳 5 将轴承挡圈 6 装入槽内。

5)齿轮箱体总成的装配。如图 4-21 所示,将齿轮箱体总成 1 装入变速器前壳体 2 上,用橡胶锤子将其敲紧。再用 13mm 的套筒 3 及快速摇柄 4 将 11 个 M8 的固定螺栓 5 按对角拧紧在前壳体上,并分几次拧紧至规定的力矩。

图 4-17 装配输出轴总成

1—齿轮箱体 2—输出轴齿轮组 3——、二档拨叉 4——、二档拨叉轴
5—三、四档拨叉轴 6—五、倒档拨叉轴

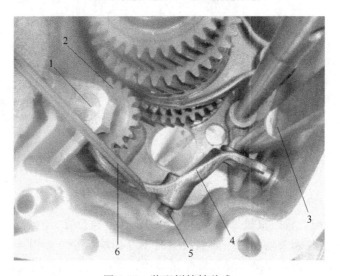

图 4-18 装配倒档轴总成

1—倒档齿轮轴 2—倒档齿轮 3—五、倒档拨叉轴 4—倒档拨叉 5—拨叉螺栓 6—指示杆

6) 五档齿轮组的装配。如图 4-22 所示,将五档从动齿轮 1 套在输出轴 2 上,并用铝棒将其敲击到位。再将五档主动齿轮内套的 2 个滚针轴承 6 及轴套和钢环垫片套在输入轴 9 上。将五档主动齿轮 5、花键毂、接合套 3 连同五档拨叉 4 整体套在输入轴和五档拨叉轴 7 上。用冲子将定位销 12 敲入五档拨叉及其拨叉轴中。将五档齿圈 10 和同步器锁环 11 装在输入轴上。将五档从动齿轮上的固定螺母 8 拧在输出轴 2 上。用 32mm 的套筒和气动扳手拧紧至原来装配位置,并用锁扣锁定。

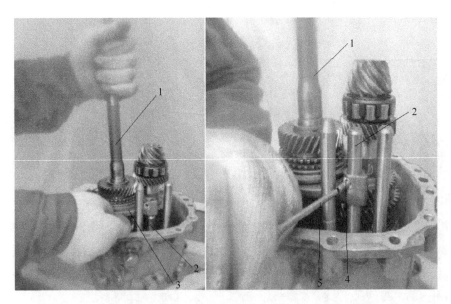

图 4-19 装配输入轴总成
1—输入轴及其齿轮组 2—三、四档拨叉轴 3—三、四档拨叉 4—定位销 5—冲子

图 4-20 装配输入轴
1—齿轮箱体 2—专用工具 3—输入轴 4—木头 5—卡簧钳 6—挡圈

7）变速器换档杆的装配。如图 4-23 所示，将一、二档拨块 2 套在一、二档拨叉轴 1 上，用冲子将定位销敲入一、二档拨块和拨叉轴中。将所有档位放在空档位置，用螺钉旋具将三、四档拨叉轴 4 向上挑起，使其挂至三档位置。将变速器换档杆 3 对着三、四档拨叉轴上的凹槽缺口倾斜插入，并顺势将其装进四档。

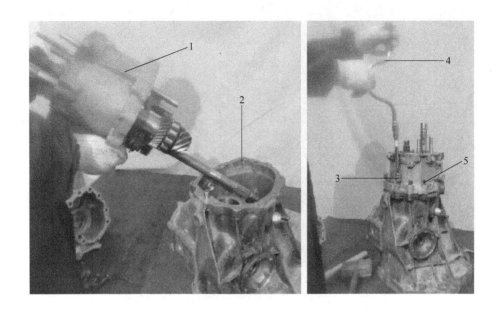

图 4-21 装配齿轮箱体总成

1—齿轮箱体总成 2—前壳体 3—套筒 4—快速摇柄 5—固定螺栓

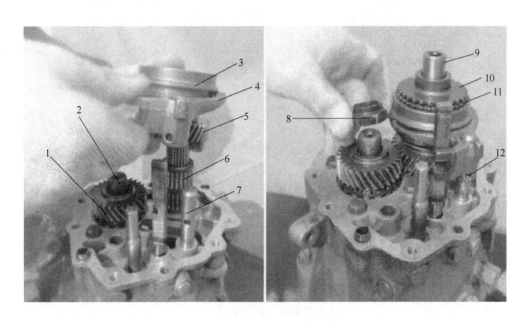

图 4-22 装配五档齿轮组

1—五档从动齿轮 2—输出轴 3—接合套 4—五档拨叉 5—五档主动齿轮 6—滚针轴承
7—五档拨叉轴 8—固定螺母 9—输入轴 10—五档齿圈 11—同步器锁环 12—定位销

8）变速器后壳体的装配。将变速器后壳体套在齿轮箱体上，用 6mm 的内六角扳手及快速摇柄按对角拧紧 M8 的 10 个固定螺栓，并分几次拧紧至规定的力矩。用 17mm 套筒及棘

第四章　变速器拆装与创新思维训练

图 4-23　装配变速器换档杆
1——一、二档拨叉轴　2——一、二档拨块　3—换档杆　4—三、四档拨叉轴

轮手柄（或气动扳手）将一轴后端的固定螺栓及垫片拧紧至规定的力矩。将后壳体罩装入后壳体。

（3）昌河微型轿车变速器的拆装

兼顾到拆装的方便性和实习时间的约束，结合汽车构造拆装实习的需求，下面介绍昌河微型轿车选用的两轴式变速器的拆装过程。

▶要求拆卸前，观看昌河微型轿车变速器的拆卸视频，或利用手机扫描二维码 4-4 观看两轴变速器的拆卸过程，掌握正确的拆卸方法。

昌河微型轿车变速器拆卸的主要步骤：

1）变速器壳体的拆卸。首先用 22mm 的梅花扳手拆下倒档开关，用梅花扳手拆下离合器输出轴座上 4 个 M6 的螺栓。然后拆卸变速器上、下壳体之间的 17 个 M8 和 1 个 M6 的连接螺栓，用橡胶锤敲击上壳体使其松动，取下变速器油标尺，取下上壳体。

2）拆卸输入轴和输出轴总成。首先拆下差速器前后油封，取出差速器总成。取下输出轴前、后油封盖，拆下变速器输出轴总成。取下输入轴后油封盖，拆下变速器输入轴总成。

3）拆卸输出轴总成。首先用冲子铣开里程表主动齿轮的前紧固螺母锁止片，用 19mm 的呆扳手松开螺母，取出里程表主动齿轮。然后拆下输出轴后轴承、一档齿轮前垫片，取下一档齿轮和一档齿轮内滚针轴承；取出输出轴倒档锁环、滚针轴承内套的定位球柱和内套，取下输出轴倒档齿轮与同步器总成，取下输出轴上的二档齿轮、二档锁环、二档齿轮内滚针轴承及二档齿轮支撑弹簧及垫片；取下三档齿轮、同步器锁环和滚针轴承，取出滚针轴承内轴套和同步器前垫片；取出 3、4 档同步器总成，取下四档锁止环，取出四档齿轮及内滚针轴承，取出输出轴后轴承。

▶装配时，按拆卸的相反顺序进行。要求装配前，先观看昌河微型轿车变速器的装配视频，或利用手机扫描二维码 4-5 观看两轴变速器的装配过程，掌握正确的装配方法。

二维码 4-4

二维码 4-5

第三节　三轴式变速器传动机构的拆装

一、拆装的目的和要求

1. 掌握三轴式变速器的主要零件名称、装配关系、变速原理及其动力传递路线。
2. 掌握三轴式变速器的拆装方法及注意事项。

二、设备器材

1. CA1091 型汽车变速器。
2. 常用和专用工具及拆装工作台。

三、三轴式变速器传动机构的结构简介和拆装

三轴式变速器常用于发动机前置后轮驱动的中、轻型货车上。与两轴式变速器相比，三轴式变速器的各档多了一对齿轮传动，机械效率降低、噪声变大，但它的直接档机械效率最高，而两轴式变速器没有直接档。

本节三轴式变速器的结构、变速原理和拆装过程以解放 CA1091 型汽车为例说明。

1. 三轴式变速器传动机构的结构简介

（1）传动机构的结构　解放 CA1091 型汽车的变速器结构如图 4-24 所示，有六个前进档和一个倒车档。此变速器中主要有三根轴：输入轴 1（第一轴）、中间轴 30 和输出轴 28（第二轴），输入轴和输出轴在同一轴线上，并且与中间轴平行，另外还有一根倒档轴 47。

输入轴前端利用深沟球轴承支承在飞轮中心孔内，花键部分连接离合器从动盘毂，后端通过圆柱滚子轴承支承在变速器壳体上，后部有与轴制成一体的常啮合齿轮 2 及其接合齿圈。输出轴前端用滚针轴承支承在输入轴齿轮 2 的内圆孔中，后端用圆柱滚子轴承支承在变速器壳体上，输出轴的后端花键上装有凸缘 29 与万向传动装置相连，齿轮 8、9、16、17、22 和 25 空套在输出轴上。中间轴两端也采用圆柱滚子轴承支承在变速器壳体上，齿轮 33、35、36、37、45 与中间轴制成一体，齿轮 38 和 40 固接在中间轴上，齿轮 40 与齿轮 2 构成常啮合传动齿轮副。倒档轴用锁片固定在壳体上，倒档中间齿轮 46 空套在倒档轴上，齿宽较长，同时与中间轴和输出轴上的倒档齿轮啮合。该变速器的一、倒档采用接合套换档，其余各档均采用同步器换档，二档使用锁销式同步器，三至六档使用锁环式同步器。

（2）档位与传动比　图 4-25 所示为 CA1091 型汽车变速器的传动示意图，驾驶人通过变速器操纵机构可挂上所需档位。

1）空档。图 4-25 所示为空档位置。当输入轴旋转时，通过常啮合齿轮 2 和 38 带动中间轴及其上的各齿轮旋转。由于齿轮 8、9、16、17、22 和 25 是空套在输出轴上的，故输出轴 26 无动力输出，汽车处于静止或空档滑行状态。

2）一档。操纵变速杆，通过拨叉使接合套 20 右移，使之与输出轴一档齿轮接合齿圈 21 接合，动力经输入轴依次经过齿轮 2、齿轮 38、中间轴 30、齿轮 33、齿轮 22、接合齿圈 21、接合套 20、花键毂 28，传给输出轴。其间动力经过两对齿轮的传递，一档传动比为齿轮 38 和 2 的齿数之比与齿轮 22 和 33 的齿数之比的乘积。

第四章 变速器拆装与创新思维训练

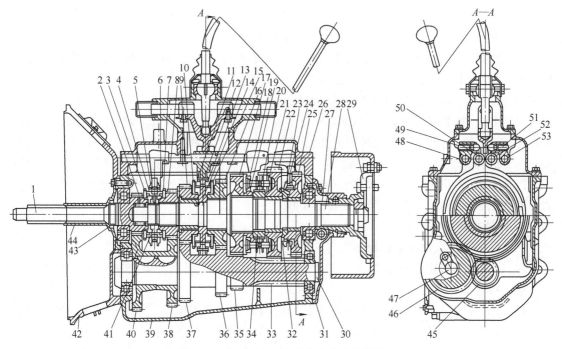

图 4-24 解放 CA1091 型汽车变速器结构

1—输入轴 2、40—输入轴和中间轴常啮合齿轮 3、7、10、15、18、21、24—接合齿圈 4、6、11、14、19—同步器锁环 5、12、20、23—接合套 8、38—输出轴和中间轴五档齿轮 9、37—输出轴和中间轴四档齿轮 13、32、34、41—花键毂 16、36—输出轴和中间轴三档齿轮 17、35—输出轴和中间轴二档齿轮 22、33—输出轴和中间轴一档齿轮 25、45、46—输出轴、中间轴和倒档轴倒档齿轮 26—变速器盖 27—车速表驱动螺杆 28—输出轴 29—输出轴凸缘 30—中间轴 31—变速器后盖 39—变速器壳体 42—飞轮壳 43—输入轴油封 44—输入轴轴承盖 47—倒档轴 48—倒档拨叉轴 49—倒档锁销 50—一、二档锁销 51—五、六档锁销 52—三、四档锁销 53—五、六档拨叉轴

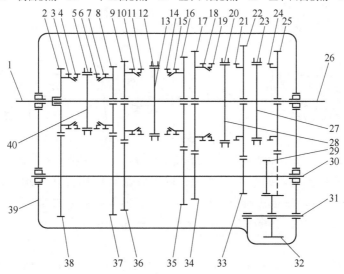

图 4-25 解放 CA1091 型汽车变速器传动示意图

1—输入轴 2、38—输入轴和中间轴常啮合齿轮 3、7、10、15、18、21、24—接合齿圈 4、6、11、14、19—同步器锁环 5、12、20、23—接合套 8、37—输出轴和中间轴五档齿轮 9、36—输出轴和中间轴四档齿轮 13、27、28、40—花键毂 16、35—输出轴和中间轴三档齿轮 17、34—输出轴和中间轴二档齿轮 22、33—输出轴和中间轴一档齿轮 25、29、32—输出轴、中间轴和倒档轴倒档齿轮 26—输出轴 30—中间轴 31—倒档轴 39—变速器壳体

同理，左移接合套 20 可挂上二档，右移或左移接合套 12 可挂上三档和四档，右移接合套 5 可挂上五档，它们都通过两对齿轮传递动力。

3）直接档。操纵变速杆，通过拨叉使接合套 5 左移，使之与输入轴齿轮 2 的接合齿圈 3 接合，动力从输入轴经齿轮 2、接合齿圈 3、接合套 5 和花键毂 40 直接传给输出轴，称为直接档（六档）。因为直接档不经过齿轮传动，故它的传动效率最高，其传动比为 1。

4）倒档。操纵变速杆，通过接合套 23 右移与接合齿圈 24 接合，即得到倒档。倒档中间齿轮 32 同时与输出轴和中间轴倒档齿轮 25、29 啮合，为常啮合斜齿轮，随输入轴一起转动。动力从输入轴经过齿轮 2、齿轮 38、中间轴 30、齿轮 29、齿轮 32、齿轮 25、接合齿圈 24、接合套 23 和花键毂 27 传到输出轴 26，实现汽车倒车行驶。倒档传动比为齿轮 38 和 2 的齿数之比与齿轮 25 和 29 的齿数之比的乘积。

2. 三轴式变速器的拆装

(1) CA1091 型汽车变速器的拆卸

1）将变速器固定在拆装架上，旋出放油螺塞用废油盘接油，将变速器中的润滑油放净，然后将放油螺塞拧上。

2）变速器盖总成的拆卸。将变速杆置于空档位置，将固定变速器盖总成的 18 个螺栓拆下，然后用专用工具撬动变速器盖总成，松动后将变速器盖总成拆下。

3）驻车制动器总成的拆卸。如图 4-26 所示，先旋下驻车制动鼓 2 的固定螺栓 1，卸下驻车制动鼓。接着将铆在输出轴末端沟槽中的锁片 3 敲出，用加长扳手将输出轴凸缘固定螺母拧下，注意要同时挂上两个档位，防止第二轴转动，拔出输出轴凸缘 4，注意勿损坏 O 形挡圈与防尘罩。然后拧下驻车制动底板上的 4 个固定螺栓，取下驻车制动器总成。

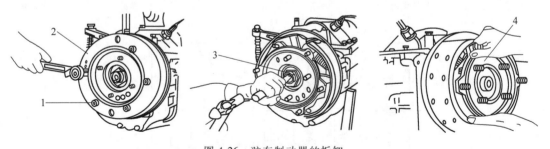

图 4-26　驻车制动器的拆卸

1—固定螺栓　2—驻车制动鼓　3—锁片　4—输出轴凸缘

4）变速器后盖的拆卸。如图 4-27 所示，旋下后盖上的 10 个固定螺栓，将变速器后盖 1 取下，同时取下后油封，注意勿损伤橡胶油封。接着拆下后盖上的偏心套固定螺栓，抽出带速度表从动齿轮的偏心套，再将速度表从动齿轮 2 从偏心套 3 中抽出，然后拆下输出轴 5 上的速度表蜗杆 4。

5）输入轴的拆卸。如图 4-28 所示，旋下输入轴轴承盖上的 6 个固定螺栓，取下轴承盖，注意用塑料布包住花键轴，防止损伤油封。接着用输入轴拉拔器 1 夹住花键部分，将输入轴总成拉出，用卡簧钳拆下轴承 3 的内、外挡圈 2、6。然后利用压力机或其他工具拆下输入轴上的圆柱滚子轴承，再用螺钉旋具将输入轴孔中的挡圈 9、滚子 5 及垫圈 7、8 拆下。

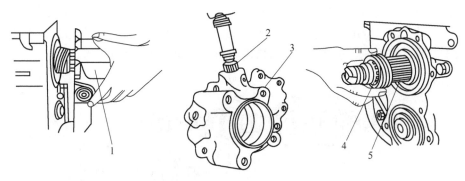

图 4-27 变速器后盖的拆卸
1—变速器后盖 2—速度表从动齿轮 3—偏心套 4—速度表蜗杆 5—输出轴

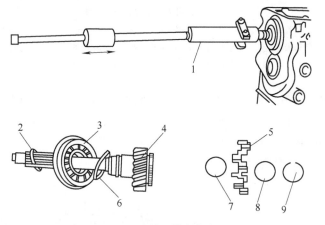

图 4-28 输入轴的拆卸
1—拉拔器 2、6、9—挡圈 3—轴承 4—输入轴 5—滚子 7、8—垫圈

6)输出轴总成的拆卸。如图 4-29 所示,利用卡簧钳拆下后端轴承挡圈,用铜棒轻轻敲击输出轴前端,使其向后窜动一定距离。再将带薄钩的拉力器插入轴承挡圈中,拉出后轴承。接着将输出轴前端的五、六档同步器锁环 2 取下,利用夹紧装置 1,将输出轴后端顶住,以免输出轴总成从后端取出时,倒档齿轮从后端滑出。然后一手托住输出轴总成前端,一手托住输出轴总成后端,慢慢地将输出轴总成取出,即可按顺序分解轴上各部件。

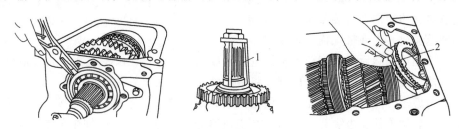

图 4-29 输出轴总成的拆卸
1—夹紧装置 2—锁环

7)中间轴和倒档轴总成的拆卸。中间轴及倒档轴分解图如图 4-30 所示,先分别拆下在变速器壳体上的中间轴的前、后轴承盖,拆下中间轴后端的轴承挡圈 3,用铜棒由前向后敲

击中间轴,用薄钩拉拔器拉出后轴承 2,从壳体中取出中间轴总成,注意防止损伤密封件。利用拉、压工具按顺序分解轴上各零件,然后取下倒档轴锁片 13,用专用工具拉出倒档轴 11,从壳体内取出倒档轴、止推垫 8、倒档齿轮轴承 9 和倒档齿轮 10。

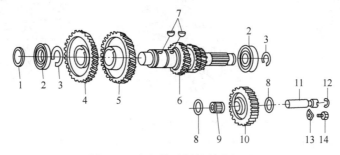

图 4-30　中间轴及倒档轴分解图

1—中间轴前密封盖　2—轴承　3—挡圈　4—常啮合传动齿轮　5—中间轴五档齿轮
6—中间轴及齿轮　7—半圆键　8—止推垫　9—倒档齿轮轴承　10—倒档齿轮
11—倒档轴　12—O 形圈　13—锁片　14—螺栓

8) 同步器总成的分解。如图 4-31 所示,先将同步器接合套 2 从花键毂 3 上压下,再抽出滑块 6、定位销 5,拆卸时注意不要让弹簧 7 弹出,记下锁环 1、4 的装配位置。注意观察同步器结构,并模拟同步器的换档过程。

(2) CA1091 型汽车变速器的装配　装配时,按拆卸的相反顺序进行,主要步骤如下:

1) 装配前,零件必须仔细清洗,注意输出轴、输入轴及轮齿间的润滑油孔,必须疏通,切勿堵塞。

2) 中间轴和倒档轴总成的装配。将齿轮依次压入,注意齿轮的键槽必须对准轴上的半圆键,避免压坏零件,利用工具推压装配挡圈(结构拆装实习时,中间轴总成可不必拆卸,重点掌握装配关系和工作原理)。接着将变速器壳体固定在拆装架上,把安装好的中间轴总成放入中间轴孔内,两端套上

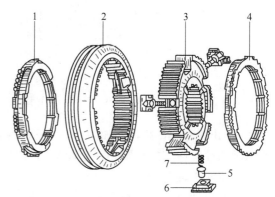

图 4-31　锁环式同步器分解图
1、4—锁环(同步环)　2—接合套　3—花键毂
5—定位销　6—滑块　7—弹簧

中间轴前、后轴承。然后通过倒档齿轮检查窗孔放入倒档齿轮,齿轮内孔中放入轴承和止推垫,从变速器后端插入倒档轴。利用铜棒将中间轴前、后轴承敲入轴承座孔,注意应沿轴承外圈四周均匀敲击。然后套上锁片,并根据拧紧力矩的要求拧紧螺母,用锁片把螺母锁紧。最后在中间轴后轴承外圈边缘套上挡圈,在变速器壳体上分别装上中间轴的前、后轴承盖。并用铜棒将倒档轴敲到安装位置,卡上倒档轴锁片,用螺栓固定锁片。在变速器壳体左侧装上倒档齿轮检查窗孔盖板,注意装盖时需安装垫片,在垫片表面涂密封胶液,用螺栓紧固盖板。

3) 输出轴总成的装配。按拆卸相反顺序组装输出轴总成,注意装二、三档同步器时,

将接合套凸的一面朝向输出轴方向。将安装好的输出轴总成放到变速器壳体里，从输出轴后端套上后轴承，用铜棒轻轻敲击，使轴承靠到输出轴花键部分的台肩上，套入里程表的主动齿轮和隔套，然后装上挡圈。

4）输入轴总成的装配。在输入轴上压入轴承，装上轴承外缘挡圈和轴承挡圈。在输入轴内孔中装入滚针轴承，然后把输入轴装到壳体前端轴孔中，使输出轴前端轴颈对准输入轴轴承孔。用铜棒一边轻轻敲击，一边用手转动输入轴，使轴承平顺装入壳体座孔中。在输入轴前端装上密封垫片，套上轴承盖，用螺栓对称紧固，并用钢丝锁线以 8 字形穿入螺栓头的孔中拧紧。轴承盖左上方螺栓上还应装有离合器分离轴承座的复位弹簧钩环。

5）变速器后盖和驻车制动器总成的装配。在变速器壳体后端装上密封垫片，套上输出轴后轴承盖，用螺栓对称紧固。装上甩油环，把已安装好的驻车制动器总成固定在轴承盖上（结构拆装用变速器，可不安装驻车制动器总成）。

6）变速器盖总成的装配。将拨叉轴装在变速器盖上相应孔中，同时装上拨叉轴自锁弹簧、自锁钢球和互锁销、互锁钢球及各档拨叉。拧入拨叉弹性销，拧紧后用钢丝锁线将螺钉锁紧在拨叉轴上。在变速器盖前端座孔上压入边缘涂有密封胶的拨叉轴垫片，使变速器处于空档位置，装上涂有密封胶的上盖垫片，再装上变速器盖总成，注意先在变速器壳体端面定位孔中装入定位销。

7）拧紧放油螺塞，加注润滑油，然后拧上加油螺塞。

8）装配完成的变速器应在试验台上运转试验，检查温升、噪声、换档是否轻便等，试验合格的变速器才能使用。结构拆装实习最后两个装配步骤不做要求，但应了解。

（3）铃木面包车变速器的拆装

兼顾到拆装的方便性，结合汽车构造拆装实习的需求，下面介绍铃木面包车的三轴式变速器的拆装过程。

▶ 要求拆卸前，先观看铃木面包变速器的拆卸视频，或利用手机扫描二维码 4-6，观看铃木面包车变速器的拆卸过程，掌握正确的拆卸方法。

二维码 4-6

铃木面包车变速器拆卸的主要步骤：

1）变速器壳体上安装零件的拆卸：用呆扳手拆下固定曲轴位置传感器的 M6 螺栓，取下曲轴位置传感器；用活扳手拆下倒档灯触点开关；用一字槽螺钉旋具拆下里程表传感器的定位小螺栓，取出里程表传感器。

2）拆卸换档机构：用 13mm 的套筒拆下固定横向拨杆的螺母，取下拨杆；用 10mm 的套筒拆下固定换档机构上盖的三个 M6 螺栓；用 12mm 的套筒拆下一个 M8 固定换档机构的螺栓。取下换档机构上盖总成。

3）拆卸后盖总成：后盖由 8 个 M8 的螺栓固定，7 个在正面 1 个在反面。首先用 12mm 的套筒以对角的方式将正面 7 个螺栓分别拆下，用 12mm 的呆扳手将反面的 1 个螺栓拆下，取下后盖总成。后盖上有里程传感器的从动齿轮，后盖中装有暗红色的里程传感器的主动齿轮、倒档齿轮和倒档拨叉等。

4）拆卸变速器壳体上盖：上盖由 10 个 M8 的螺栓固定，首先用 12mm 的套筒分别将这 10 个螺栓松动后拆下，取下上盖。上盖中包括拨叉、拨叉轴、离合器分离拨叉等零件。然后从变速器下壳体中取出输入轴和输出轴轴体及其齿轮总成，取出倒档中间齿轮。

5）拆卸输入轴和输出轴及其齿轮总成：在输入轴及齿轮总成上取下滚针轴承、四档锁环、前油封、前支撑轴承。然后在输出轴上拆卸三、四档同步器的接合套，注意同步器的三个滑块，用卡簧钳取出挡圈，拆卸同步器的花键毂、三档齿轮锁环及三档齿轮，取下滚针轴承；用卡簧钳取下里程表主动齿轮前挡圈，取下里程表主动齿轮，用卡簧钳取下里程表后挡圈；用卡簧钳取出倒档齿挡圈，拆卸倒档齿轮，取出输出轴的轴承，注意轴承挡圈槽的方向；拆卸一档齿轮、一档锁环，取下一档齿轮内滚针轴承及衬套；取下一、二档同步器及二档齿轮锁环，取下二档齿轮、内滚针轴。

6) 拆卸换档机构：用12mm的呆扳手拆下固定拨叉轴锁片的2个M8螺栓，取下锁片；取出拨叉轴互锁销的橡胶堵塞；取出倒档拨叉轴，取出定位钢球和互锁销；将三、四拨叉销孔移动到变速器体凹槽处，用锁销冲将锁销铳出，取出三、四档拨叉、拨叉轴及定位钢球和互锁销；将一、二档拨叉销孔移动到变速器体凹槽处，用锁销冲将锁销铳出，取出一、二档拨叉、拨叉轴及定位钢球和互锁销。

▶装配时，按拆卸的相反顺序进行。要求装配前，先观看铃木面包车变速器的装配视频，或利用手机扫描二维码4-7，观看铃木面包车变速器的装配过程，掌握正确的装配方法。

二维码4-7

第四节　变速器操纵机构的拆装

一、拆装的目的和要求

1. 掌握变速器操纵机构的主要零件名称、装配关系和工作原理。
2. 掌握变速器操纵机构的正确拆装方法。

二、设备器材

1. CA1091型汽车变速器和桑塔纳2000轿车变速器。
2. 常用和专用工具及拆装工作台。

三、变速器操纵机构的结构简介和拆装

1. 操纵机构的结构简介

变速器操纵机构的功用：保证驾驶人在不同使用条件下准确可靠地挂上或摘下变速器某个档位，使汽车安全行驶。变速器操纵机构按距离驾驶人座位的远近，可分为直接操纵机构和间接操纵机构。

（1）**直接操纵的选档换档机构**　采用**直接操纵机构**的变速器多用于发动机前置后轮驱动车辆，变速器布置在驾驶人座椅附近，驾驶人可以直接操纵，**一般由变速杆、拨叉、拨叉轴、拨块及安全装置等组成**，结构以解放CA1091型汽车为例说明。

图4-32所示为解放CA1091型汽车的六档变速器直接操纵机构示意图。四根拨叉轴8、9、10、11两端都支承在变速器盖的相应孔中，可以轴向滑动。拨叉12、13、16、17和拨块4、15、14都用弹性销固定在相应的拨叉轴上，三、四档拨叉16上端具有拨块。拨叉16和拨块4、15、14的顶部制有凹槽。变速器位于空档时，各凹槽在横向平面内对齐，叉形拨杆5下端的球头位于凹槽中。选档时变速杆6可绕其中部球形支点横向摆动，其下端推动叉

形拨杆绕换档轴的轴线摆动，使叉形拨杆下端球头对准所选档位对应的拨块凹槽，然后使变速杆纵向摆动，带动拨叉轴及拨叉向前或向后移动，实现挂档。例如，横向摆动变速杆使叉形拨杆下端球头位于拨块 15 顶部凹槽中，拨块 15 连同拨叉轴 9 和拨叉 13 若沿纵向前移一定距离，便挂入二档，若后移一段距离，则挂入一档。当叉形拨杆下端球头位于拨块 4 的凹槽中，并使其前移一段距离时，便挂入倒档。不同变速器由于档位数及档位排列位置不同，其拨叉和拨叉轴的数量及排列位置也不同。

（2）间接操纵的选档换档机构
有些汽车由于变速器离驾驶人座位较远，需要在变速杆与拨叉之间加装一些辅助杠杆或一套传动机构，进行远距离操纵，这种操纵机构称为间接操纵机构，多用于发动机前置前轮驱动的轿车。间接操纵机构一般由外操纵机构和内操纵机构组成，结构以桑塔纳 2000 轿车为例说明。

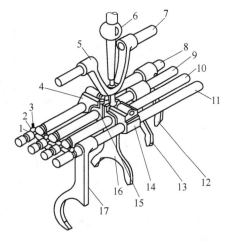

图 4-32 解放 CA1091 型汽车的六档变速器
直接操纵机构示意图
1—互锁销 2—自锁钢球 3—自锁弹簧 4—倒档拨块
5—叉形拨杆 6—变速杆 7—换档轴 8—倒档拨叉轴
9—一、二档拨叉轴 10—三、四档拨叉轴 11—五、六档拨叉轴
12—倒档拨叉 13—一、二档拨叉 14—五、六档拨块
15—一、二档拨块 16—三、四档拨叉 17—五、六档拨叉

1）外操纵机构。如图 4-33 所示，桑塔纳 2000 轿车的变速器外操纵机构主要由变速杆 4、外换档杆 2、换档杆接合器 1、内换档杆 6 和支撑杆 7 等组成。变速杆通过一系列中间连接杆件，操纵变速器的内操纵机构，以进行选档、换档。变速杆可以直接左右、前后摆动。各连接杆要求具有足够的刚度，为了保证换档时的手感，各连接点处间隙要小。

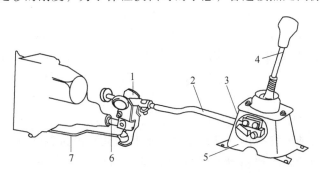

图 4-33 桑塔纳 2000 轿车变速器外操纵机构示意图
1—换档杆接合器 2—外换档杆 3—换档手柄座 4—变速杆
5—倒档保险挡块 6—内换档杆 7—支撑杆

2）内操纵机构。如图 4-34 所示，桑塔纳 2000 轿车的变速器内操纵机构主要由内换档杆 5、定位弹簧 6、换档横轴、定位拨销 3、一、二档拨叉轴 7，三、四档拨叉轴 2，五、倒档拨叉轴 1 和倒档保险挡块 4 等组成。

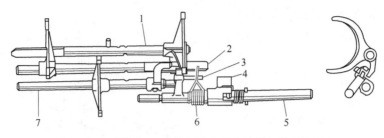

图 4-34 桑塔纳 2000 轿车变速器内操纵机构示意图
1—五、倒档拨叉轴 2—三、四档拨叉轴 3—定位拨销 4—倒档保险挡块
5—内换档杆 6—定位弹簧 7—一、二档拨叉轴

在外操纵机构作用下，可使内换档杆转动或轴向移动。当内换档杆转动时，可使换档横轴做轴向移动，选择不同档位的拨叉轴，实现选档动作；当内换档杆轴向移动时，给换档横轴以回转力矩，从而推动所选档位的拨叉轴做轴向移动，拨叉轴上的拨叉推动同步器接合套进行换档。换档横轴上有换档拨爪，用于推动换档拨叉轴做轴向移动，进行选档、换档。

（3）**变速机构的安全装置** 为保证变速器在任何情况下都能准确、可靠地工作，对变速器操纵机构提出以下要求：为防止自动挂档及自动脱档，并保证传动齿轮以全齿长啮合，在操纵机构中应设有自锁装置；为防止同时挂入两个档，应设有互锁装置；为防止误挂倒档，应设有倒档锁。

1) 自锁装置。大多数变速器的自锁装置都是采用自锁钢球对拨叉轴进行轴向定位锁止，如图 4-35 所示，在变速器盖 3 中钻有三个深孔，孔中装入自锁钢球 1 和自锁弹簧 2，其位置正处于拨叉轴 6 的正上方，每根拨叉轴对着钢球的表面沿轴向设有三个凹槽，槽的深度小于钢球的半径。中间的凹槽对正钢球时为空档位置，前边或后边的凹槽对正钢球时则处于某一工作档位置，相邻凹槽之间的距离保证齿轮处于全齿长啮合或是完全退出啮合。凹槽对正钢球时，钢球便在自锁弹簧的压力作用下嵌入该凹槽内，拨叉轴的轴向位置被固定，不能自行挂档或脱档。

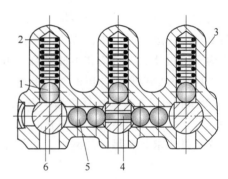

图 4-35 自锁和互锁装置
1—自锁钢球 2—自锁弹簧 3—变速器盖
4—互锁销 5—互锁钢球 6—拨叉轴

换档时，驾驶人通过变速杆对拨叉轴施加一定的轴向力，克服自锁弹簧的压力而将自锁钢球从拨叉轴凹槽挤出并推回孔中，拨叉轴便可滑过钢球进行轴向移动，并带动拨叉及相应的接合套或滑动齿轮轴向移动，当拨叉轴移至其另一凹槽与钢球对正时，钢球又被压入凹槽，驾驶人的手感很强，此时拨叉所带动的接合套或滑动齿轮便被拨入空档或另一工作档位。自锁装置的工作过程可利用手机扫描二维码 4-8 观看视频。

二维码 4-8

2) 互锁装置。如图 4-36 所示，互锁装置由互锁钢球 1 和互锁销 2 组成。变速器处于空档时，所有拨叉轴 4、5、6 的侧面凹槽同互锁钢球、互锁销都在一条直线上，当移动中间拨叉轴 5 时，如图 4-36a 所示，轴两侧的内钢球从其侧凹槽中被挤出，两外钢球分别嵌入另外两根拨叉轴 4、6 的侧面凹槽中，因而将这两根拨叉轴刚性地锁止在其空档位置。移动其余拨叉轴 4 或 6 时，其原理分别如图 4-36b 和图 4-36c 所示。由此可知，互锁装置的工作原理是当驾驶人用变速杆推动某一拨叉轴时，自动锁止其余拨叉轴，从而防止同时挂上两个档位。互锁装置的工作过程可利用手机扫描二维码 4-9 观看视频。

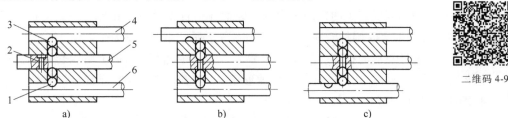

二维码 4-9

图 4-36 互锁装置工作示意图
a）移动拨叉轴 5　b）移动拨叉轴 4　c）移动拨叉轴 6
1—互锁钢球　2—互锁销　3—互锁钢球　4、5、6—拨叉轴

3）倒档锁装置。图 4-37 所示为常见的锁销式倒档锁装置。当驾驶人挂倒档时，必须用较大的力使变速杆 1 下端压缩倒档锁弹簧 3，倒档锁销 4 被推入锁销孔内，才能使变速杆下端进入拨块的凹槽中进行换档，以此起到警示注意作用，防止驾驶人误挂倒档。

2. CA1091 型汽车操纵机构的拆装

（1）CA1091 型汽车操纵机构的拆卸　拆卸时应先在各零件上做好装配标记，拆卸步骤如下：

1）变速器盖总成的拆卸。如图 4-38 所示，拆卸变速器盖 2 上的固定螺栓 1，拆去变速杆弹簧，将变速器盖总成固定在台虎钳上。

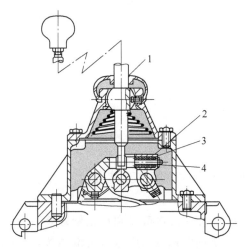

图 4-37 锁销式倒档锁装置
1—变速杆　2—倒档拨块
3—倒档锁弹簧　4—倒档锁销

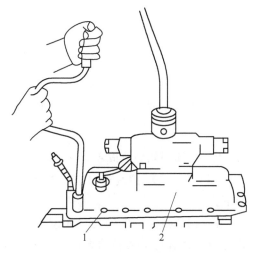

图 4-38 拆下变速器盖总成
1—固定螺栓　2—变速器盖

2）拨块和拨叉的弹性销拆卸。拆卸时，使拨叉和拨块朝上，用冲子将所有的弹性销铳出。

3）拨叉轴的拆卸。将拨叉轴置于空档位置，并用棉纱塞住自锁钢球孔，避免拆卸时钢球弹出。用铜棒顶住拨叉轴后端轻轻敲击，将拨叉轴与塞片一起顶出，拨叉轴从盖前端脱出。注意当拨叉轴脱出一定距离时，需用手握住，边转动边慢慢向前拉出，防止自锁弹簧和钢球从盖中弹出。

4) 自锁和互锁装置的拆卸。取出自锁钢球和自锁弹簧，在拆卸一、二档和三、四档拨叉轴的同时，取下互锁销。在拆卸所有的拨叉轴后，取出互锁块。

5) 变速杆总成的拆卸。如图4-39所示，旋下变速杆5，拆下防尘套4和变速杆的固定螺栓，取出变速杆。从变速杆上取出球形帽3、弹簧座2、压紧弹簧1等零件，卸下O形密封圈12和球座13。

6) 如图4-40所示，用尖嘴钳剪断叉形拨杆上的两个固定螺栓锁线，拆下固定螺栓和两个端盖，取出换档轴（参见图4-32）。

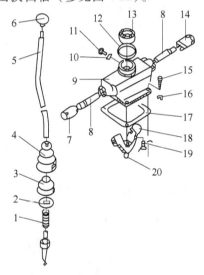

图4-39 变速杆总成分解图
1—压紧弹簧 2—弹簧座 3—球形帽 4—防尘套 5—变速杆
6—球头 7、14—端盖 8—换档轴 9—顶盖 10、16—弹簧垫圈
11、15、19—固定螺栓 12—O形密封圈 13—球座 17—垫片
18—叉形拨杆 20—叉形拨杆拨头

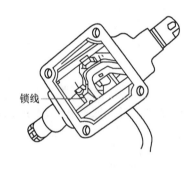

图4-40 螺栓锁线

7) 拆卸倒档锁总成和通气塞。

(2) CA1091型汽车操纵机构的装配 装配时，按拆卸的相反顺序进行，主要步骤如下：

1) 倒档拨叉轴的装配。如图4-41所示，将倒档轴的自锁弹簧2和自锁钢球装入自锁孔1中，接着将拨叉轴的导轨4插入拨叉轴孔中压下自锁钢球3。然后再将倒档拨叉轴插入并用力推进一定距离，在拨叉轴上套入倒档拨块总成和倒档叉，并将拨叉轴置于空档位置。

2) 一、二档和三、四档拨叉轴的装配。将互锁块装入互锁孔中，安装一、二档和三、四档的自锁弹簧和自锁钢球，并将互锁销插入拨叉轴的互锁孔中，然后用安装倒档拨叉轴的方法分别安装一、二档和三、四档的拨叉轴，套上拨块及拨叉，将拨叉轴置于空档位置。

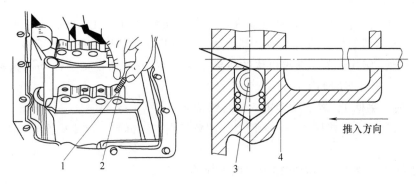

图 4-41 装配倒档拨叉轴

1—自锁孔 2—自锁弹簧 3—自锁钢球 4—拨叉轴的导轨

3）五、六档拨叉轴的装配。装入互锁块及五、六档的自锁弹簧和自锁钢球，用安装倒档拨叉轴的方法分别安装五、六档拨叉轴、拨块和拨叉，将其置于空档位置。

4）拨叉轴固定锁销的装配。如图 4-42 所示，在锁销的安装位置 2 处，分别将较粗的外弹簧销 4 插入各拨叉的定位孔中，再插入较细的内弹簧销 3，并使两个销的开口方向相反。

5）塞片的安装。拨叉轴安装后，在拨叉轴两端的轴承孔中分别涂抹少量的密封胶，用专用工具将塞片装入轴承孔中，安装塞片如图 4-43 所示。然后安装倒档锁和通气塞。

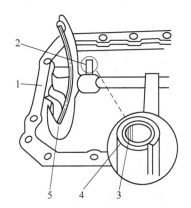

图 4-42 拨叉轴固定锁销的装配

1—变速器盖 2—锁销的安装位置 3—内弹簧销
4—外弹簧销 5—拨叉

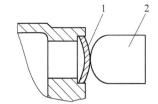

图 4-43 安装塞片

1—塞片 2—专用工具

6）将叉形拨杆和两根换档轴插入顶盖的轴承孔中，并拧紧叉形拨杆的两个固定螺栓，装好螺栓的锁线（参见图 4-40）。

7）按照图 4-39 所示的变速杆总成分解图装上球座 13，并在其内部涂抹少量润滑脂，将 O 形密封圈 12 套装在顶盖相应的槽中，再将压紧弹簧 1、弹簧座 2 和球形帽 3 套在变速杆 5 上，压下球形帽，拧上固定变速杆的螺栓，装上防尘罩 4，旋上换档轴两端的端盖。在变速器壳上装上两个定位环。

8）将变速器操纵机构与输出轴上各档齿轮及同步器置于空档位置，将拨叉与相应档位同步器接合套的环槽对准，装上变速器盖总成及密封垫片，以 38~50N·m 的力矩交叉均匀地拧紧固定螺栓。

3. 桑塔纳 2000 轿车操纵机构的拆装

桑塔纳 2000 轿车操纵机构包括外操纵机构和内操纵机构，内操纵机构的拆装在本章第二节两轴式变速器传动机构的拆装中已经阐述，以下只介绍外操纵机构的拆装。

（1）**桑塔纳 2000 轿车外操纵机构的拆卸**　桑塔纳 2000 轿车变速器外操纵机构分解图如图 4-44 所示，拆卸步骤如下：

1）拆下换档手柄 1，取下防尘罩 3 和装饰罩 4。

2）拆下固定在上换档杆 8 上的锁圈 5（注意锁圈一经拆卸，就要更换），取下挡圈 6 和弹簧 7。

3）拆下换档杆支架 9 的固定螺栓，取下换档杆支架。

4）拆下换档杆罩壳 11，将上换档杆 8 与外换档杆 15 分离。

5）用 T 形扳手旋松外换档杆螺栓，如图 4-45 所示。

6）压出支撑杆球头，将外换档杆与离合块分离，如图 4-46 箭头所示。

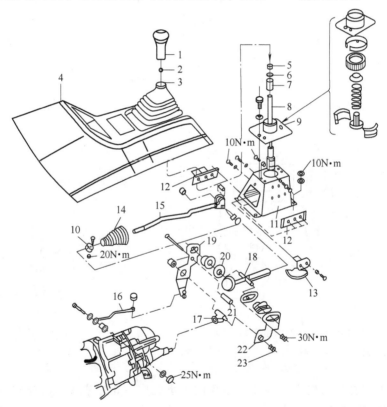

图 4-44　桑塔纳 2000 轿车变速器外操纵机构分解图

1—换档手柄　2—防尘罩衬套　3—防尘罩　4—装饰罩　5—锁圈　6—挡圈　7—弹簧　8—上换档杆
9—换档杆支架　10—夹箍　11—换档杆罩壳　12—缓冲垫　13—倒档缓冲垫　14—密封罩
15—外换档杆　16—支撑杆　17—离合块　18—换档连接套　19—轴承右侧压板
20—罩盖　21—支撑轴　22—轴承左侧压板　23—塑料衬套

（2）**桑塔纳 2000 外操纵机构的装配**　装配时，按拆卸的相反顺序进行，主要步骤如下：

1）压入支撑杆球头，使外换档杆与离合块结合。

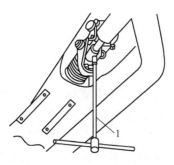

图 4-45 旋松外换档杆螺栓
1—T 形扳手

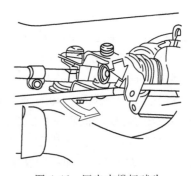

图 4-46 压出支撑杆球头

2）用 T 形扳手旋紧外换档杆螺栓。

3）安装上换档杆和外换档杆，装上换档杆罩壳。

4）用润滑脂润滑换档杆支架内的部件，装上换档杆支架，螺栓不用旋紧。将换档杆支架上的孔与变速操纵机构罩壳上的孔对准，用 10N·m 的力矩旋紧螺栓。

5）装上弹簧和挡圈，将锁圈装在上换档杆上。

6）检查各档的啮合情况。装上装饰罩、防尘罩和换档手柄。

创新思维

逆 向 思 维

一、逆向思维的概念

人的思维具有方向性，存在着正向与反向之差异，由此产生了正向思维与逆向（反向）思维两种形式。逆向思维是指为实现某一创新或解决某一因常规思路难以解决的问题，而采取反向思维寻求解决问题的方法。

正向思维与反向思维是相对而言的。一般认为，正向思维是指沿着人们的习惯性思考路线的思维，而反向思维则是指背逆人们习惯路线的思维。

正反向思维起源于事物的方向性，客观世界存在着互为逆向的事物，由于事物的正反向，才产生思维的正反向。人们解决问题时，习惯于按照熟悉的常规的思维路径去思考，即采用正向思维，有时能找到解决问题的方法，收到令人满意的效果。然而，实践中也有很多事例，对某些问题利用正向思维却不易找到正确答案，一旦运用反向思维，常常会取得意想不到的功效。反向思维正是因为能够摆脱常规思维的羁绊，才成为一种具有创造性的思维方式。

由于思维的方向性是对事物客观存在方向性的反映，而客观事物的方向性可以表现为事物的功能、结构、机理、因果关系等方面，因而，逆向思维也可以依据这些方面展开。

二、逆向思维的特征

（1）**普遍适用性** 逆向性思维在各个领域、各种活动中都适用。由于对立统一规律是普遍适用的，而对立统一的形式又是多种多样的，有一种对立统一的形式，相应地就有一种逆向思维的形式。所以，逆向思维也有无限多种形式。如性质上对立两极的转换：软与硬、高与低等；结构、位置上的互换、颠倒：上与下、左与右等；过程上的逆转：气态变液态或液态变气态、电转为磁或磁转为电等。不论哪种方式，只要从一个方面想到与之对立的另一方面，都是逆向思维。

日本是一个经济强国，却又是一个资源贫乏国，因此他们十分崇尚节俭。当复印机大量"吞噬"纸张的时候，他们一张白纸正反两面都利用起来，一张顶两张，节约了一半。日本理光公司的科学家不以此为满足，他们通过逆向思维，发明了一种"反复印"机，已经复印过的纸张通过它以后上面的图文消失了，重新还原成一张白纸。这样一来，一张白纸可以重复使用许多次，不仅创造了财富，节约了资源，而且使人们树立起新的价值观：节俭固然重要，创新更为可贵。这就是在复印机功能（复印和反复印）上的逆向思维。

（2）**批判性**　逆向是与正向比较而言的，正向是指常规的、常识的、公认的或习惯的想法与做法。逆向思维则恰恰相反，是对传统、惯例、常识的反叛，是对常规的挑战。它能够克服思维定式，破除由经验和习惯造成的僵化的认识模式。

传统的破冰船，都是依靠自身的重量来压碎冰块的，因此它的头部都用高硬度材料，而且设计得都比较笨重，转向非常不便，也消耗能量。苏联科学家运用逆向思维，变向下压冰为向上推冰，即让破冰船潜入水下，依靠浮力从冰下向上破冰。新的破冰船设计得非常灵巧，不仅节约了许多原材料，而且不需要很大的动力，自身的安全性也大为提高。遇到较坚厚的冰层，破冰船就像海豚那样上下起伏前进，破冰效果非常好。

（3）**新颖性**　循规蹈矩的思维和按传统方式解决问题虽然简单，但容易使思路僵化、刻板，摆脱不掉习惯的束缚，得到的往往是一些司空见惯的答案。其实，任何事物都具有多方面的属性。由于受过去经验的影响，人们容易看到熟悉的一面，而对另一面却视而不见。逆向思维能克服这一障碍，而且往往是出人意料，给人以耳目一新的感觉。

洗衣机的脱水缸转轴是软的，用手轻轻一推，脱水缸就东倒西歪。可是脱水缸在高速旋转时，却非常平稳，脱水效果很好。当初设计时，为了解决脱水缸的颤抖和由此产生的噪声问题，工程技术人员想了许多办法，先加粗转轴，无效，后加硬转轴，仍然无效。最后，他们来了个逆向思维，弃硬就软，用软轴代替了硬轴，成功地解决了颤抖和噪声两大问题。这就是从事物的作用机理上由逆向思维而诞生的创造发明的典型例子。

由我国发明家苏卫星发明的"两向旋转发电机"诞生于1994年，同年8月获中国高新科技杯金奖，并受到联合国TIPS组织的关注。1996年，丹麦某大公司曾想以300万元人民币买断其专利，可见其发明价值之巨大。我们知道，发电机共同的构造是各有一个定子和一个转子，定子不动，转子转动。而苏卫星发明的"两向旋转发电机"定子也转动，发电效率比普通发电机提高了四倍。苏卫星说，我来个逆向思维，让定子也"旋转起来"。

三、逆向思维的方法

（1）**原理逆向**　原理逆向是将已知的某种自然原理或社会原理颠倒过来，从而产生一种新原理的思维方法。例如，利用发电机的原理反过来发明电动机。

（2）**功能逆向**　功能逆向是将事物原有的功能颠倒过来，从而生成一种新功能，实现新功能的装置就是创新。例如，将吹风机通过功能逆向发明了具有吸风功能的吸尘器，将热风机功能逆向变成送出冷风的空调器。

（3）**属性逆向** 事物的属性多种多样，许多属性是彼此对立或成对出现的，如快与慢、高与低、轻与重、软与硬、柔与刚、干与湿、热与冷、空与实、直与曲等。属性逆反，就是有意用某一相反属性去取代现有的属性，以此实现创新。例如，用空心材料替代实心材料做家具，以解决家具笨重的问题。

（4）**方向逆向** 通过颠倒事物的构成顺序、排列位置或安装方向、操纵方向、旋转方向等而产生新颖结果的创造。例如，在火箭发射时将顺数计时发射程序"1、2、3、发射"改为"3、2、1、发射"，这一颠倒极大地加强了使人思想集中的效果。倒步走是目前国际上较为推行的一种治疗腰椎疾病的运动疗法。这一疗法也是方向逆向思维的结果。倒步走时两腿交替向后迈步，增强了大腿后肌群和腰背部肌群的力量，可使腰部韧带的弹性增强，腰椎的稳定性增强，使骨骼、肌肉、韧带的功能得到恢复，因此能使腰椎疼痛减轻甚至消失。

（5）**因果逆向** 将事物发生、发展的因果关系颠倒就是因果逆向。例如，制冰机制冰，低温是水变成冰的原因，用冰块降温，冰块融化则是温度降低的原因。

（6）**状态逆向** 将现有状态反方向变化。如爬楼梯上楼是楼梯静止人运动，若人不动让楼梯运动，这就是电梯发明的状态逆向思维。

（7）**缺点逆向** 事物都有两面性，从一个角度看是缺点和问题，从另一个角度看，缺点则可能是优点，问题可能成为机会。例如，某造纸厂因在生产过程中忘记掺进糨糊，致使生产出来的纸张不符合标准，一写字就洇成一片，面对废纸，将缺点逆向思维，结果获得一种新型吸墨纸的发明专利。

一、课堂训练内容

1. 利用头脑风暴法讨论影响变速器换档质量的因素。
2. 利用逆向思维法思考变速器带来诸多好处的同时，是否也对车子的性能产生了一些限制。

二、作业和自我训练

1. 作业

1）利用思维导图法画出变速器的结构示意图，并标出换档时动力的传递路线。
2）利用逆向思维提出自己对最佳换档时机选择的看法。

2. 自我训练

1）构思不同结构组合的变速器。
2）思考影响变速器性能的因素。
3）变速器的结构方案和参数对整车性能有何影响？
4）某些液力变矩器装有锁止离合器的目的是什么？
5）变速器各档位的传动比的选择依据是什么？是不是档位越多越好？
6）简述变速器各档传动比按照等比级数分配的好处，以及实际传动比的分配关系。
7）用逆向思维的方法思考汽车尾气具有怎样的利用价值。
8）汽车在使用过程中有哪些措施可以有效地减少对离合器的损伤？

第五章

万向传动装置拆装与创新思维训练

第一节 万向传动装置概述

一、万向传动装置的功用和类型

万向传动装置一般由万向节和传动轴组成,当传动轴较长需要分段时,在两根传动轴之间还需加装中间支承。万向传动装置一般应用在汽车的传动系统或其他系统中,用来实现汽车上任何一对轴线相交且相对位置经常变化的转轴之间的动力传递。

万向传动装置中的万向节是实现转轴之间变角度动力传递的部件,按其在扭转方向上是否有明显的弹性,可分为刚性万向节和挠性万向节。刚性万向节是靠两轴间的铰链式连接传递动力,可分为不等速万向节(十字轴式)、准等速万向节(双联式、三销轴式等)和等速万向节(球叉式、球笼式等)。不等速万向节是指万向节连接的输入轴和输出轴之间,以变化的瞬时角速度比传递动力,准等速万向节是指连接的两轴在传递动力时瞬时角速度比近似等于1,而等速万向节是指连接的两轴在传递动力时瞬时角速度比等于1。而挠性万向节则是靠弹性零件传递动力,具有缓冲减振作用。万向节的类型可利用手机扫描二维码5-1观看。

二维码5-1

二、万向传动装置的应用与布置

下面介绍万向传动装置在汽车上的主要应用与布置。

1. 变速器与驱动桥之间

变速器1与驱动桥3之间的万向传动装置如图5-1所示,变速器支承在车架上,而驱动桥通过后悬架4与车架5连接。由于汽车负载变化及不平路面行驶时车轮的跳动,会使变速器输出轴与驱动桥输入轴之间的夹角和距离发生变化,因此需要采用一般由两个万向节和一根传动轴组成的万向传动装置2。万向传动装置的工作过程可利用手机扫描二维码5-2观看视频。

二维码5-2

如图5-2所示,当变速器与驱动桥距离较远,传动轴过长时,应将传动轴分成两段，即中间传动轴 2（前传动轴）和主传动轴 5（后传动轴），其间用三个万向节，且在中间传动轴后端设置中间支承 4，达到提高传动轴的刚度、临界转速和工作可靠性的目的。

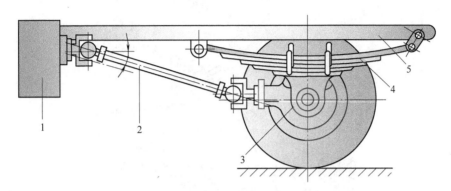

图 5-1　变速器与驱动桥之间的万向传动装置
1—变速器　2—万向传动装置　3—驱动桥　4—后悬架　5—车架

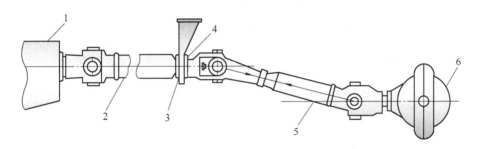

图 5-2　变速器与驱动桥之间的分段万向传动装置
1—变速器　2—中间传动轴　3—球轴承　4—中间支承　5—主传动轴　6—后驱动桥

2. 变速器与分动器之间

对于多轴驱动的汽车，变速器 2 与分动器 3 一般都布置在车架上，设计时使其轴线重合，但为了消除制造、装配误差以及车架变形对传动的影响，变速器与分动器之间的连接常采用万向传动装置。而在分动器与驱动桥之间，根据多轴驱动的不同结构，万向传动装置的布置也有所区别，如图 5-3 所示。

3. 主减速器与转向驱动轮之间

对于转向驱动桥，前轮是转向驱动轮。作为转向轮，要求它能在最大转角范围内任意偏转某一角度；作为驱动轮，要求半轴在车轮偏转过程中，不间断地把动力从主减速器传到驱动轮上。因此转向驱动桥 3 的半轴需要分段，并用万向节连接，如图 5-4 所示，以适应汽车行驶时半轴各段交角不断变化的需要。若采用独立悬架，则在转向驱动轮 2 附近和靠近主减速器处需要安装万向节，如图 5-4a 所示；若采用非独立悬架，只需在转向驱动轮 2 附近安装一个万向节 4，如图 5-4b 所示。

4. 转向轴与转向器之间

万向传动装置在转向操纵机构中的应用如图 5-5 所示。

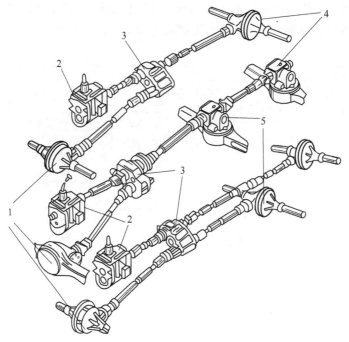

图 5-3 变速器与分动器和分动器与驱动桥之间的万向传动装置
1—前驱动桥 2—变速器 3—分动器 4—后驱动桥 5—中驱动桥

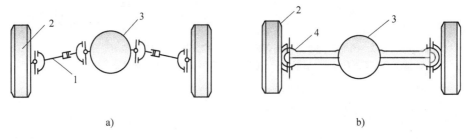

图 5-4 主减速器与转向驱动轮之间的万向传动装置
a) 独立悬架 b) 非独立悬架
1—万向传动装置 2—转向驱动轮 3—转向驱动桥 4—万向节

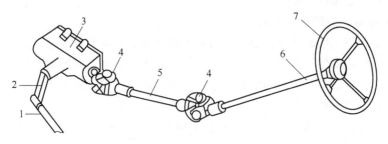

图 5-5 转向轴与转向器之间的万向传动装置
1—转向直拉杆 2—转向摇臂 3—转向器 4—万向节
5—转向传动轴 6—转向轴 7—转向盘

第二节 万向传动装置的拆装

一、拆装的目的和要求

1. 掌握万向传动装置的主要零件名称、装配关系和工作原理。
2. 掌握万向传动装置的拆装方法及注意事项。

二、设备器材

1. 等速万向传动装置、十字轴式万向传动装置。
2. 常用和专用工具及拆装工作台。

三、等速万向传动装置的结构简介和拆装

1. 等速万向传动装置的结构简介

现代轿车越来越多地采用发动机前置前轮驱动的传动系统布置形式，前轮既是转向轮又是驱动轮。在将差速器输出的动力传递给前驱动轮时，常采用由等速万向节和传动轴组成的等速万向传动装置（参见图5-4）。

等速万向节的等速原理：从结构上保证万向节在工作过程中的传力点永远位于主、从动轴交点的平分面上。目前应用较广泛的球叉式万向节、球笼式万向节和三枢轴-球面滚轮式万向节都是根据此原理制成的。

球叉式万向节结构简单，两轴允许最大交角为32°~33°，具体结构如图5-6所示。主动叉5与从动叉1分别与内、外半轴制成一体。在主、从动叉上，各有4个曲面凹槽，组装后形成两个相交的环形槽，作为钢球滚道。4个传动钢球4放在槽中，定心钢球6放在两叉中心的凹槽内，以定中心。

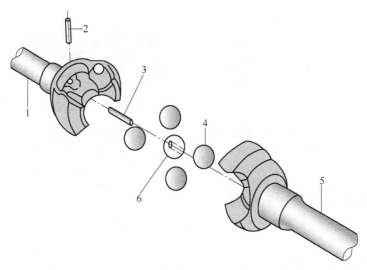

图 5-6 球叉式万向节
1—从动叉　2—锁止销　3—定位销　4—传动钢球　5—主动叉　6—定心钢球

球笼式万向节与球叉式万向节相比,其承载能力强、结构紧凑、拆装方便,两轴允许最大交角达47°,被广泛应用在转向驱动桥和独立悬架的驱动桥上。球笼式万向节按主、从动叉在传递转矩过程中轴向是否产生位移分为:固定型球笼式等速万向节(RF节)和伸缩型球笼式等速万向节(VL节)。

固定型球笼式等速万向节(RF节)具体结构如图5-7所示,主要由6个钢球8、星形套1、球形壳7和球笼6等组成,RF节两轴允许交角范围达到45°~50°。万向节星形套与主动轴5用花键固接在一起,星形套外表面有6条弧形凹槽滚道,球形壳的内表面有相应的6条凹槽,6个钢球分别装在各条凹槽中,由球笼使其保持在同一平面内。动力经由主动轴、钢球、球形壳输出,工作时6个钢球都参与传力,故承载能力强、磨损小、寿命长。

伸缩型球笼式等速万向节(VL节)结构如图5-8下半部分所示,主要由6个钢球5、星形套4、球壳1和球笼3等组成,VL节两轴交角范围约20°~25°。其内外滚道是圆筒形的,在传递转矩的过程中,星形套4与筒形球壳1通过钢球5沿内外滚道滚动实现轴向的相对移动,轴向伸缩量约为20mm。

三枢轴-球面滚轮式等速万向节也有两种结构形式:固定型万向节GE和伸缩型万向节GI,两轴交角一般为25°,伸缩量约为40~60mm。其结构、原理与球笼式等速万向节相似,在此不再赘述。

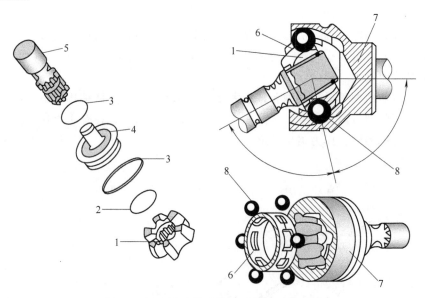

图5-7 固定型球笼式等速万向节(RF节)
1—星形套(内滚道) 2—挡圈 3—钢带箍 4—外罩 5—主动轴
6—球笼(保持架) 7—球形壳(外滚道) 8—钢球

2. 等速万向传动装置的拆装

等速万向传动装置的拆装以桑塔纳2000轿车为例说明,其零件分解图如图5-8所示。

▶拆装前,先播放桑塔纳2000的万向传动装置拆装视频,或利用手机扫描二维码5-3观看拆装过程,掌握其拆装过程和方法。

二维码5-3

第五章　万向传动装置拆装与创新思维训练

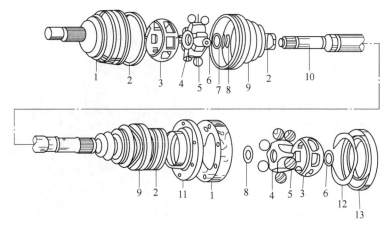

图 5-8　桑塔纳 2000 轿车万向传动装置零件分解图

1—球壳　2—钢带箍　3—球笼　4—星形套　5—钢球　6—挡圈　7—中间挡圈　8—座圈
9—防尘罩　10—传动轴　11—接合盘　12—密封垫片　13—塑料护罩

（1）等速万向传动装置的拆卸

1）传动轴总成的拆卸。旋松外半轴与轮毂的紧固螺母，拆除传动轴内万向节与半轴凸缘的连接螺栓。然后拆下前轮，用压力装置从轮毂中由外向内压出传动轴总成，如图 5-9 所示。

图 5-9　拆卸传动轴总成

1—球壳　2—防尘罩　3—钢带箍　4—传动轴　5—接合盘

2）外等速万向节总成的拆卸。如图 5-10 所示，先拆下防尘罩钢带箍和防尘罩 3，然后

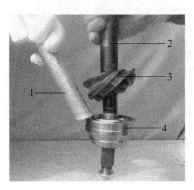 

图 5-10　拆卸外等速万向节总成

1—铝棒　2—传动轴　3—防尘罩　4—外等速万向节总成　5—塑料中间挡圈　6—座圈

固定好传动轴2，用铝棒1敲击外等速万向节总成4，取出外等速万向节总成4、塑料中间挡圈5和座圈6。

3) 外等速万向节的拆卸。做好球笼4、星形套3和球壳5上的装配标记1，转动星形套3、球笼4，依次取出各个钢球2，如图5-11所示。然后转动星形套与球笼成90°，并使星形套的凸起处对准球笼的缺口处，取出星形套和球笼。

4) 内等速万向节总成的拆卸。如图5-12所示，用外卡簧钳1拆下挡圈2，用铝棒敲击内等速万向节总成3，使之与传动轴4分开，依次取出内等速万向节总成3和座圈8、接合盘7、防尘罩6和钢带箍5。

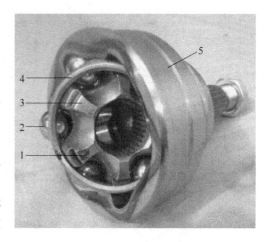

图 5-11 拆卸外等速万向节

1—装配标记 2—钢球 3—星形套 4—球笼 5—球壳

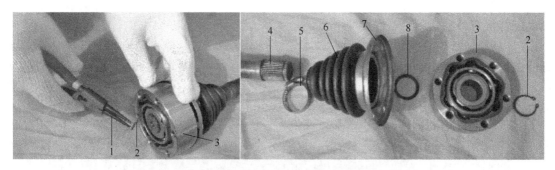

图 5-12 拆卸内等速万向节总成

1—卡簧钳 2—挡圈 3—内等速万向节总成 4—传动轴 5—钢带箍 6—防尘罩 7—接合盘 8—座圈

5) 内等速万向节的拆卸。如图5-13所示，做好球笼5、星形套4和球壳3上的装配标

图 5-13 拆卸内等速万向节

1—装配标记 2—钢球 3—球壳 4—星形套 5—球笼

记1，转动星形套4和球笼5，可同时取出4个钢球2，再转动一个角度取出剩余的2个钢球。然后转动星形套4与球笼5成90°，并使星形套的凸起处对准球笼的缺口处，从球笼上取出星形套。注意：球笼与球壳是一对偶件，应成对放置，不能互换。

（2）**等速万向传动装置的装配** 装配时，按拆卸的相反顺序进行，主要步骤如下：

1）内等速万向节的装配。对准凹槽将星形套装入球笼，将钢球压入球笼，注入润滑脂，将带钢球的球笼垂直装入球壳，用力压下球笼，使球壳体宽边 a 与星形套窄边对齐，使装有钢球的星形套完全转入球壳内，如图5-14所示。

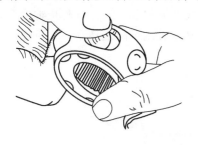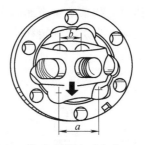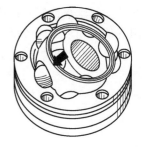

图5-14 装配内等速万向节

2）外等速万向节的装配。将球笼与星形套一起装入球壳中，按对角交替压入钢球，注意：应使星形套在球笼和球壳中保持拆卸前的原位置。然后将挡圈装入星形套，将润滑脂注入万向节内。

3）等速万向节总成的装配。在传动轴上装上防尘罩，装上碟形座圈和中间挡圈，用工具将内等速万向节总成压入传动轴，与碟形座圈贴合，星形套花键上的倒角必须朝向传动轴台阶，装上挡圈。然后装上外等速万向节总成，在外等速万向节上装上防尘罩，用专用夹钳夹紧防尘套上的钢带箍，向防尘套内充气，使其压力平衡，防止车辆行驶时产生褶皱，如图5-15所示。

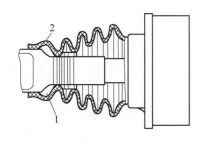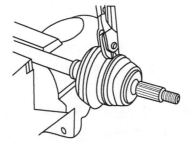

图5-15 防尘罩的装配
1—气囊 2—防尘套

4）传动轴总成的装配。在半轴上涂抹防护剂并插入轮毂中，装上半轴与轮毂的紧固螺母，连接内万向节与半轴凸缘，拧紧连接螺栓，然后使车轮着地，拧紧半轴与轮毂的连接螺母。

四、十字轴式万向传动装置的结构简介和拆装

1. 十字轴式万向传动装置的结构简介

十字轴式万向传动装置常应用在变速器与驱动桥之间、变速器与分动器之间，也应用在

转向轴与转向器之间。它一般由十字轴式万向节和传动轴组成，根据需要，可加装中间支承。

（1）**十字轴式刚性万向节** 十字轴式刚性万向节是最为常用的不等速万向节，其结构简单、传动可靠、效率高，允许两传动轴之间的夹角达到15°～20°，广泛应用于各类汽车的传动系统中。十字轴式刚性万向节结构如图5-16所示，由一个十字轴2、万向节叉1、传动轴叉（也为万向节叉）3和滚针轴承5等组成，两个万向节叉上的孔分别松套在十字轴的两对轴颈上。为了减少摩擦损失，提高传动效率，在十字轴轴颈和万向节叉孔之间安装由滚针和套筒组成的轴承，然后，用挡圈4和轴承盖将套筒固定在万向节叉上，以防止轴承在离心力作用下从万向节叉内脱出。这样，当主动轴转动时，从动轴既可随之转动，又可绕十字轴中心在任意方向摆动。

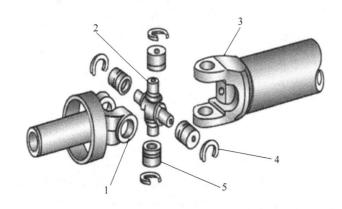

图5-16 十字轴式刚性万向节

1—万向节叉 2—十字轴 3—传动轴叉 4—挡圈 5—滚针轴承

由于单个十字轴式万向节传动的不等速性，在汽车上应用时，都是采用双十字轴式万向节传动，则第一万向节的不等速效应就有可能被第二万向节的不等速效应所抵消，从而实现两轴间的等角速度传动。双万向节实现两轴间的等角速度传动，必须具备两个条件：第一万向节两轴间的夹角与第二万向节两轴间的夹角相等；第一万向节的从动叉与第二万向节的主动叉应在同一平面内。

（2）**传动轴和中间支承** 连接变速器与驱动桥的传动轴2、5一般是一根由壁厚均匀的电焊钢管制成的中空长轴，在其两端分别焊有带花键的轴头3和万向节叉1。传动轴中设有由滑动叉6和花键轴组成的滑动花键连接，以实现传动轴长度的变化。当传动轴过长时，固有频率会降低，容易产生共振，故常将其分成两段，在两根传动轴之间加设中间支承4，如图5-17所示。

2. 十字轴式万向传动装置的拆装

十字轴式万向传动装置的拆装过程以东风EQ1090型汽车为例说明。

（1）**十字轴式万向传动装置的拆卸**

1）传动轴总成的拆卸。如图5-18所示，在万向节与主减速器凸缘连接处做装配标记1，拆下4个连接螺栓2。再在主传动轴前部连接凸缘上做装配标记4，拆下连接螺栓3，将主传动轴与中间传动轴分离，拆卸主传动轴总成。然后在中间传动轴与变速器输出轴凸缘处

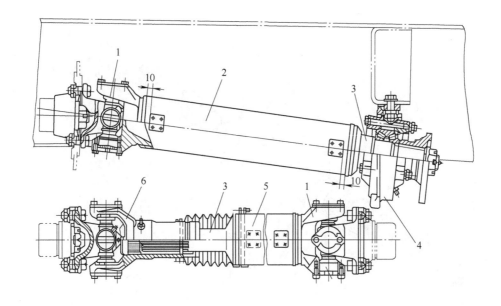

图 5-17 传动轴和中间支承

1—万向节叉 2—中间传动轴 3—带花键的轴头 4—中间支承 5—主传动轴 6—滑动叉

做装配标记,拆下连接螺栓,从变速器上拉出连接轴叉,插入专用柱塞 5 以防变速器内部油液从油封处渗出。拆下中间支承支架与车架上的紧固螺栓,卸下中间传动轴总成。

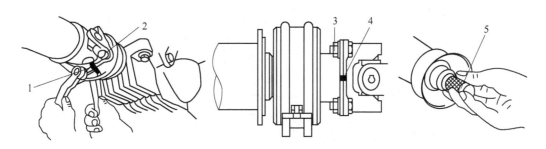

图 5-18 拆卸传动轴总成

1、4—装配标记 2、3—连接螺栓 5—专用柱塞

2)中间传动轴及中间支承的拆卸。中间传动轴及中间支承零件分解图如图 5-19 所示。将中间传动轴固定在台虎钳上,用鲤鱼钳拔下紧固螺母的开口销,拆卸紧固螺母 1(图 5-19),如图 5-20 所示。用锤子和铜冲拆卸锁紧垫圈 2(图 5-19),如图 5-21 所示。再用锤子轻轻敲击凸缘背面,将凸缘拆下。然后如图 5-19 所示,用拉压器具从中间传动轴 10 上拉出中间支承,并将其固定,从中间支承橡胶垫环 8 中拆下轴承座 6、中间支承轴承总成 5、油封总成 4 等零件,注意拆卸轴承的前后油封时,不能敲打,应用压具将其压出。

3)主传动轴的拆卸。主传动轴及滑动叉零件分解图如图 5-22 所示。将主传动轴总成固定在台虎钳上,松开油封盖 13,将主传动轴总成 14 从滑动叉 10 中拉出,从主传动轴上取下油封 11、垫片 12 和油封盖 13。

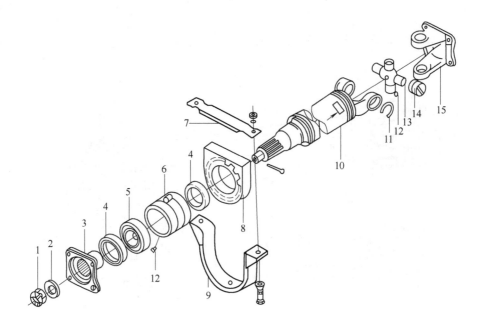

图 5-19　中间传动轴及中间支承零件分解图

1—紧固螺母　2—锁紧垫圈　3—凸缘　4—油封总成　5—中间支承轴承总成　6—轴承座
7—上盖板　8—中间支承橡胶垫环　9—中间支承支架　10—中间传动轴　11—弹性挡圈
12—润滑脂嘴　13—十字轴　14—滚针轴承　15—万向节叉

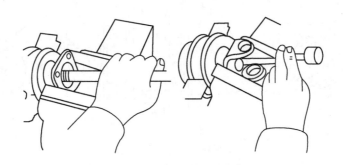

图 5-20　拆卸紧固螺母

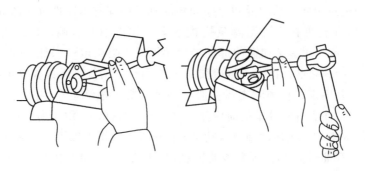

图 5-21　拆卸锁紧垫圈

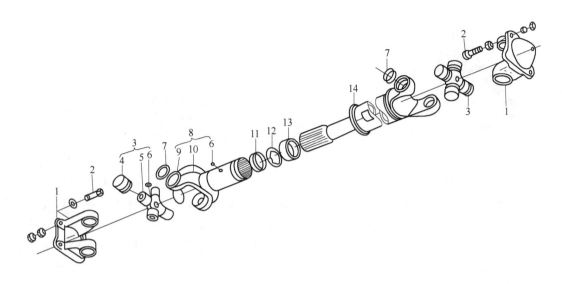

图 5-22 主传动轴及滑动叉零件分解图
1—凸缘叉 2—螺栓 3—十字轴及滚针轴承总成 4—滚针轴承 5—十字轴 6—润滑脂嘴 7—弹性挡圈
8—滑动叉总成 9—塞片 10—滑动叉 11—滑动叉油封 12—油封垫片 13—油封盖 14—主传动轴总成

4）十字轴及轴承的拆卸。拆卸十字轴前，先做好装配标记，以保持原有的平衡。拆下滚针轴承盖紧固螺栓，用锤子和铜冲轻轻敲动轴承外座圈，用两个螺钉旋具，从十字轴轴承的环槽上，拆下凹槽内的挡圈，如图 5-23 所示。接着用拉拔器等专用工具将轴承从万向节叉上拆下，如图 5-24 所示，再用手握住传动轴，用锤子轻轻敲击凸缘叉的根部，取出十字轴，拆下万向节。然后拆出滚针轴承座的油封，取出滚针，拆下十字轴上的润滑脂嘴，并用同样的方法分解其他万向节。十字轴式万向节的拆装可利用手机扫描二维码 5-4 观看拆装视频。

二维码 5-4

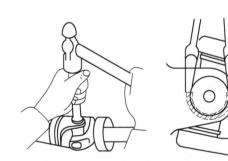

图 5-23 拆卸挡圈

图 5-24 用拉拔器拆卸十字轴轴承

（2）**十字轴式万向传动装置的装配** 装配时，按拆卸的相反顺序进行，主要步骤如下：

1）十字轴及轴承的装配。将滚针涂以润滑脂后装入轴承座中，装上油封。分别将组装好的滚针轴承装入万向节叉两孔中，注意轴承背面的切槽应与凸缘上的螺钉孔对准。用拉拔器将十字轴装入两轴承中，如图 5-25 所示，将两轴承压至与万向节叉端面平齐。转动十字轴调试其松紧度，保证转动灵活。然后如图 5-26 所示装上挡圈，用锤子敲击万向节叉，直到挡圈与轴承外座圈相接合为止。

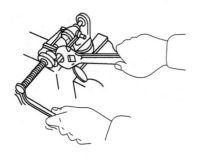

图 5-25　用拉拔器安装十字轴

图 5-26　安装挡圈

装上轴承盖，以 18~23N·m 的力矩紧固螺栓，保证轴向扳动十字轴无明显松旷量。在十字轴上装好润滑脂嘴，要求其方向与传动轴滑动叉上的润滑脂嘴在同一侧。将十字轴另外两轴预装入传动轴万向节叉孔中，两孔端装入滚针轴承，并将其压至与万向节叉孔端面平齐。同样方法装上挡圈、轴承盖，并紧固螺栓。然后装配其他万向节，为了保证变速器输出轴与驱动桥输入轴的等速要求，传动轴两端的万向节叉必须在同一平面内。

2）传动轴的装配。零件装配关系参见图 5-19。将中间支承支架 9 固定好，装上中间支承橡胶垫环 8，将轴承座 6 装在橡胶垫环内，依次装上中间支承轴承总成 5、油封总成 4 等，注意不要一次性拧紧。将中间支承总成装在中间传动轴花键一端的轴颈上，有润滑脂嘴的一面朝后。按标记将凸缘 3 装在中间传动轴 10 的花键上，用铜棒及锤子敲击凸缘外侧，使中间支承总成及凸缘在中间传动轴轴颈上装配到位。装上锁紧垫圈 2 和紧固螺母 1，以 200~250N·m 的力矩拧紧螺母，并装好开口销。然后按标记把滑动叉 10（图 5-22）插在主传动轴 14 的花键轴上。

3）传动轴总成的装配。把中间传动轴按标记与变速器第二轴凸缘用螺栓连接，同时用螺栓将中间支承支架紧固在车架的横梁上。按标记装上主传动轴，凸缘连接螺栓的拧紧力矩为 130~150N·m。传动轴运转一定时间后，再以 25~35N·m 的力矩拧紧中间支承轴承盖上的螺栓螺母。

创新思维

联 想 思 维

一、联想思维的概念

联想思维是指由一个或数个现存的事物、现象、概念刺激而想到与之相关联的事物、现象、概念的思维过程。它是建立在人们丰富的知识、经验和心理体验的基础上，对已有的事物、现象、概念进行遐思、类比、推想、重组，继而得到启发，产生感悟，并跳跃、迁移到相关或"毫无关系"的事物上，进而形成创新设想、创新思路，发现未知的思维方式。联想的产生既可以是被动的触发，也可以是主动捕捉信息展开联想。

世界上的事物都是普遍联系的，事物之间的联系有的彼此相近，有的彼此相似，有的彼此相距其远，还有的从表面上看似乎毫不相干。联想思维可以使事物间建立起广泛的联系，把看似不相干的事物联系起来。联想不是先找到有关系的不同事物进行联想，而是把不同事物联系起来找关系。不同事物间具有的相关属性、内在联系是不同事物联系起来的关系链，联想思维就是将一事物的特征、属性迁移到另一事物上，进而产生新观点、提出新概念、找到新方法，从已知发现未知。

联想思维是重要的创新思维方式之一，科学技术上的许多科学发现与技术发明都来源于人们的联想。据统计，有40%以上的新事物、新观念是由联想产生的，另有20%的新事物、新观念的出现也与联想有关。

二、联想思维的特征

（1）**横向性** 从两个或两个以上不同事物中找到共同点，克服这些事物之间在形象上、意义上的差别，把思考对象和思考路径从一事物转移到另一事物，通过横向联想，使它们彼此联系起来。联想思维的横向性就体现在它是连接事物间的中间环节。

（2）**浅表性** 从已有的事物出发联想到别的事物，产生新的思路、设想，获得新的启示后，联想思维在这个层面上的任务就结束了，而不继续沿着事物自身发展的逻辑进一步深入研究，表现出联想思维处于事物表面，浅显而不够深刻。

（3）**连续性** 联想思维的过程是连续的、顺畅的，联想的对象是由此及彼、连续不断的，可以是直接的联想，也可以是间接的联想。

（4）**模糊性** 联想思维的结论尚不能达到精确的程度，它只是从被已有的事物触发而联想到所研究、思考的事物上，并由此产生出新的思路、设想或启发等，联想思维的结论不提供具体、精准的解决问题的办法，它只是为进一步研究提供思路、方法，使思考达到一种顿悟，即所谓的豁然开朗。

三、联想思维的方式

不同的事物是按照"一定的关系"联系的，其联系关系可以是时间、空间的，可以是因果的，也可以是相近相似的，还可以是对立的。事物联系形式的多样性决定联想思维类型是多样的，主要有：概念联想、形象联想、接近联想、相似联想、因果联想、对比联想、自由联想和强制联想等。在思维方法上有自由联想和强制联想等。

运用联想思维开展创新活动，需要学会从客观事物中观察或感悟到事物之间的关系，善于发现不同事物之间所具有的相关属性，把不同事物联系起来，发现未知，实现思维创新。

（1）**概念联想** 概念是对感觉到的事物的共同本质特点进行抽象、概括。概念联想是指在两个或多个概念之间进行联想，从一种概念联想到或联想出别的概念，并形成或提出新概念的思维。比如由"冬天"展开的概念联想，首先想到冬天最显著的特点是气温低、寒冷，根据这一特点于是想到严寒、冷酷、结冰、飘雪、滑雪等。又或是对"位置"概念的联想，就可以沿着"位置"这一线索展开联想，从位置想到高低，从高低想到水位高低，从水位高低想到水位落差、水力，再联想到水力发电等。

（2）**形象联想** 在两个或多个形象（事物和现象）之间进行的联想思维称为形象联想思维。如从树联想到果树，从果树联想到苹果树，从苹果树联想到苹果，从苹果联想到果汁、果酱等。

（3）**接近联想** 在时间上或空间上相接近的事物，引起人们从甲事物联想到乙事物的思维称为接近联想。例如当你回到母校,就会想到班主任老师,想到老师过去讲课的情景。

世界上的事物都是相互联系的,要善于联想,细心观察找到事物间的联系,就能创造性地深刻认识事物的本质。例如,从看到家猫到发现敌军指挥所。家猫和敌军指挥所看起来毫不相干,但是在法德战争时期,一个德国士兵看到在开阔的法军阵地上有一只家猫经常出现,并在每天上午晒太阳。根据这一现象他推断出家猫出没的地方极可能有隐蔽的法军指挥所,因为开阔的阵地没有居民,而且法军中只有高级军官可以养家猫。于是德军调来大炮向那里集中轰击。事后查明,这里确实有法军的隐蔽指挥所,炮击后里面的人员全部丧生。这个德国士兵运用接近联想,即家猫和指挥所空间相近,准确判断出法军指挥所的位置。

(4) **相似联想** 相似联想是指由外形、性质、意义上相似的事物引起的联想。人脑对相似事物的属性存在一致性的认识,多角度观察不同事物可以发现看似不相干的事物存在相似的特点,它们可以是现象相似、原理相似、结构相似、功能相似等。例如我国古代的能工巧匠鲁班,从手指被边缘呈细齿状的茅草拉个口子,联想到可以把片状钢条的边缘打成细齿(外形相似)锯木头,于是发明了锯子。

(5) **因果联想** 因果联想是指两个事物存在因果关系而引起的联想。这种联想往往是双向的,既可以由起因想到结果,也可以由结果想到起因。例如,在非洲一个草原地带,每逢旱季居民因缺水而生活困难,其他动物也因缺水而搬家,唯有狒狒这种动物没有搬家。根据狒狒不走的现象(结果),人们联想到狒狒肯定知道哪里有水源(原因)。为了通过狒狒找到水源,人们给狒狒吃盐。渴极了的狒狒飞奔到一个山洞,扑向了奔流的泉水,人们因此找到水源(结果)。这个例子就是由结果联想到起因,又由起因联想到结果。

(6) **对比联想** 对比联想是指在具有相反特征或对立属性的事物间进行联想,通过由此及彼的联系,产生创意的思维活动。对比联想反映思维对象的对立性、挑战性、批判性。比如跑步机的发明。跑步是人动(有位移),通过对比联想,让路动起来,人的位移静止,这样在室内就可以跑步,达到锻炼身体的目的。对比联想还可以是由上想到下、由远想到近、由高想到低、由冷想到热等。

(7) **自由联想** 由一事物出发,思路不受任何限制的、不做任何规定的联想。比如从大海想到海军、海军想到军舰、军舰想到潜艇、潜艇想到鱼雷等。

(8) **强制联想** 将两个或两个以上、从表面看毫无关系的事物强制性地联系起来进行思考。比如把钢笔和枪这两种看似无关的事物进行强制联想,创造出钢笔手枪。

✓ 创新思维训练

一、课堂训练内容

1. 利用头脑风暴法讨论万向传动装置的应用场合及其原因。
2. 运用联想思维列举万向传动装置的种类,思考不同结构类型是如何实现万向传动功能的。

二、作业和自我训练

1. 作业

1)利用思维导图法画出十字万向节的结构,思考什么是十字轴万向节的不等速性以及它会给汽车性能带来什么影响。

2）运用联想思维思考常见万向节的种类，以及各自的优缺点。

2．自我训练

1）万向传动装置是如何适应转向驱动车轮的轮距变化的？是否还能联想到其他解决方案？

2）应用在变速器与驱动桥之间和主减速器与转向驱动轮之间的万向传动装置，在结构上有何不同要求？

3）万向传动装置有哪些损坏的形式？会产生怎样的故障现象？

4）运用联想思维思考万向传动装置除了传递动力还有其他什么作用。

5）利用思维导图法画出双万向节的传动布置示意图，解释等速万向节的等速条件。

6）联想万向传动装置除了在汽车上运用之外还可以用在其他什么场合？并简述其理由。

7）思考由一个"圆"可以联想到的事物。

8）汽车使用过程中有什么可以减少万向传动装置损坏的方法及注意事项？

第六章

驱动桥拆装与创新思维训练

第一节 驱动桥概述

一、驱动桥的组成和功用

驱动桥位于汽车传动系统的末端,主要由主减速器、差速器、半轴和驱动桥壳等组成。根据汽车传动系统的布置方案,驱动桥可布置在前桥或后桥,或者前、后桥同为驱动桥。

驱动桥的主要功用:

1) 将传动装置传来的发动机转矩和转速通过主减速器、差速器、半轴等传递到驱动车轮,并实现减速增矩。

2) 当发动机纵置时,通过主减速器锥齿轮副或准双曲面齿轮副改变转矩的传递方向。

3) 通过差速器实现两侧车轮差速作用,保证汽车内、外侧车轮以不同转速转向。

4) 通过驱动桥壳和驱动车轮实现承载及传力作用。

二、驱动桥及其组成的类型

1. 驱动桥的类型

按悬架结构的不同,**驱动桥可分为非断开式驱动桥和断开式驱动桥两种类型**。

(1) **非断开式驱动桥** 非断开式驱动桥又称为整体式驱动桥,其采用非独立悬架,结构示意图如图6-1所示。驱动桥壳由主减速器壳4和半轴套管2组成,两者刚性地连成一体。整个驱动桥通过弹性悬架与车架相连,汽车行驶时左、右驱动轮不能相互独立地跳动,这种结构多用于后桥。动力经传动装置传至主减速器3,在此减速增矩后经差速器5将动力传递给左、右两半轴6,通过半轴外端凸缘传至驱动轮的轮毂1,轮毂借助轴承支承在半轴套管2上。

(2) **断开式驱动桥** 为了提高汽车行驶平顺性和通过性,断开式驱动桥采用独立悬架,结构如图6-2所示。主减速器壳5固定在车架或车身上,驱动桥两端车轮1分别通过各自的弹性元件3、减振器2和摆臂7组成的弹性悬架与车架相连。为了适应车轮绕摆臂轴6上下

第六章 驱动桥拆装与创新思维训练

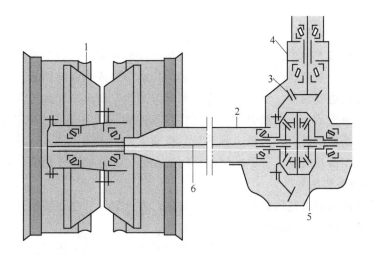

图 6-1 非断开式驱动桥结构示意图
1—轮毂 2—半轴套管 3—主减速器 4—主减速器壳 5—差速器 6—半轴

跳动的需要,差速器与轮毂之间的半轴 4 两端用万向节 8 连接,两侧车轮可独立地相对于车架上下跳动。

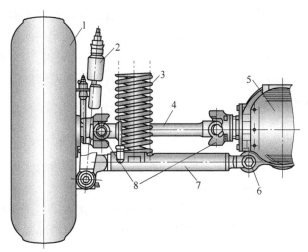

图 6-2 断开式驱动桥
1—车轮 2—减振器 3—弹性元件 4—半轴 5—主减速器壳
6—摆臂轴 7—摆臂 8—万向节

2. 主减速器的功用和类型

主减速器的功用是在传递动力的同时减速增矩,当发动机纵置时,需要改变转矩的旋转方向。

为了满足汽车不同的使用要求,主减速器的结构类型也不同。按参加传动的齿轮副数目分类,有单级主减速器和双级主减速器;按传动比档数分类,有单速主减速器和双速主减速器;按齿轮副结构形式分类,有圆柱齿轮主减速器和锥齿轮主减速器;按所在位置分类,有中央主减速器和轮边减速器;另外还有贯通式主减速器。主减速器的类型可利用手机扫描二维码 6-1 观看。

二维码 6-1

对于轿车和一般轻、中型货车，采用单级单速主减速器即可满足汽车动力性要求。它具有结构简单、体积小、重量轻和传动效率高等优点。在重型货车、越野汽车或大型客车上，当要求主减速器具有较大的主传动比和保证汽车最小离地间隙时，需要采用两对齿轮来实现主传动比要求的双级主减速器。若将第二级减速齿轮机构制成同样的两套，分别安装在两侧驱动轮处时，称为轮边减速器。有些汽车为了充分提高汽车的动力性和经济性，采用具有两档传动比的双速主减速器。当多轴驱动时，现代汽车通常采用贯通式主减速器的布置形式，汽车前后两端的驱动桥的动力，是经过分动器并贯通中间桥而传递的。这种布置形式不仅可减少传动轴的数量，而且提高了各驱动桥零件的通用性，并且简化了结构，减轻了重量。

3. 差速器的功用和类型

差速器的功用是将主减速器传来的动力传给左、右半轴，并在必要时允许两侧半轴以不同转速旋转，保证驱动车轮与地面间做纯滚动运动。

二维码 6-2

差速器按其安装位置的不同可分为轮间差速器和轴间差速器；按工作原理的不同可分为齿轮式差速器（圆柱或圆锥、对称或不对称）和防（限）滑差速器（强制锁止式差速器、高摩擦自锁式差速器、牙嵌式自由轮差速器、托森差速器和黏性联轴差速器等）。差速器的类型可利用手机扫描二维码 6-2 观看。

轮间差速器是安装在驱动桥两侧车轮之间的差速器，而轴间差速器则是安装在各驱动桥之间。当遇到左、右或前、后驱动轮与路面之间的附着条件相差较大的情况时，附着条件较差的驱动轮将会高速滑转。此时，齿轮式差速器将不能保证汽车得到足够的驱动力，汽车不能前进。若采用防（限）滑差速器，则可以在一个驱动轮滑转时，将转矩尽量传给不滑转的驱动轮，使其产生足够的驱动力，提高汽车在道路行驶条件恶劣时的通过能力。

4. 半轴的功用和类型

半轴的功用是将差速器传来的动力传给驱动轮。

二维码 6-3

半轴按其支承形式可分为全浮式半轴和半浮式半轴。全浮式半轴广泛应用在各类货车上，半轴只在两端承受转矩，不承受其他任何反力和弯矩。结构便于拆装，只需拆下半轴凸缘上的轮毂螺栓，即可将半轴抽出，不影响车轮和桥壳支承汽车。而半浮式半轴多用于反力、弯矩较小的各类轿车，半轴外端不仅要承受转矩，还要承受各种反力及其弯矩，其内端只承受转矩。半浮式半轴结构简单，但受力情况复杂且拆装不便。半轴的类型可利用手机扫描二维码 6-3 观看。

5. 驱动桥壳的功用和类型

驱动桥壳是传动系统和行驶系统的组成部分。作为传动系统的组成部分，其功用是安装并保护主减速器、差速器和半轴；作为行驶系统的组成部分，其功用是安装悬架和轮毂，并传递和承受车架（或车身）与驱动轮之间各方向的作用力及其力矩。

驱动桥壳可分为分段式桥壳和整体式桥壳两种类型。

分段式桥壳一般分为两段，通过螺栓将两段连成一体。其缺点是拆装及维修主减速器、差速器十分不便，现已很少采用。

整体式桥壳因制造方法不同，有多种形式。常见的有整体铸造、中段铸造两端压入钢管、钢板冲压焊接、钢管扩张成形等形式。整体式桥壳具有较大的强度和刚度，便于主减速器和差速器的拆装和调整，普遍应用于各类汽车上。

第二节　驱动桥的拆装

一、拆装的目的和要求

1. 掌握驱动桥的主要零件名称、装配关系、工作原理和动力传递路线。
2. 掌握驱动桥的拆装方法及注意事项。

二、设备器材

1. 非断开式驱动桥、断开式驱动桥以及双级主减速器和差速器总成。
2. 常用和专用工具及拆装工作台。

三、非断开式驱动桥的结构简介和拆装

非断开式单级主减速器驱动桥的结构简介和拆装以东风 EQ1090E 型汽车驱动桥为例说明。

1. 非断开式单级主减速器驱动桥的结构简介

非断开式驱动桥的主减速器、差速器、半轴、半轴套管和轮毂的装配关系示意图如图 6-1 所示。

东风 EQ1090E 型汽车的单级主减速器及差速器零件分解图如图 6-3 所示，主减速器由一对准双曲面锥齿轮及其支承调整装置、主减速器壳等组成，主动锥齿轮 18 的齿数为 6，从动锥齿轮 25 的齿数为 38，传动比 $i_0 = 38/6 = 6.33$。差速器采用的是对称式锥齿轮轮间差速器，由行星齿轮 31、行星齿轮轴（差速器十字轴）32、半轴齿轮 29、33 和差速器壳 27、43 等组成。半轴采用的是全浮式半轴支承，半轴外端凸缘与轮毂用螺栓连接。轮毂通过两个相距较远的圆锥滚子轴承支承在半轴套管上，为了增加强度和刚度，两端的半轴套管用无缝钢管制成，半轴套管与整体铸造式桥壳压配成一体，组成驱动桥壳总成。

为保证主动锥齿轮有足够的支承刚度，主动锥齿轮与轴制成一体，前端支承在两个小端相向且互相贴近的前外、内轴承 12、16（圆锥滚子轴承）上，后端用后轴承 19（圆柱滚子轴承）支承，形成**跨置式支承**。环状的从动锥齿轮连接在差速器壳上，而差速器壳则用两个差速器轴承 24、41（圆锥滚子轴承）支承在主减速器壳 51 的座孔中。在从动锥齿轮的后面装有支承螺栓 46，以限制从动锥齿轮过度变形而影响齿轮的正常工作。装配时，支承螺栓与从动锥齿轮端面之间间隙一般为 0.3～0.5mm。

主减速器锥齿轮啮合的调整是指轴承装配预紧度、齿面啮合印迹和啮合间隙的调整。调整规则要求先调整轴承的预紧度，再调整啮合印迹，最后调整啮合间隙。

主减速器的从动齿轮用螺栓固定在差速器壳左半部的凸缘上。行星齿轮轴的 4 个轴颈嵌在差速器壳两半端面上相应的凹槽所形成的孔内，差速器壳的剖分面通过行星齿轮轴各轴颈的中心线。每个轴颈上浮套着一个直齿锥行星齿轮，它们均与两个直齿锥半轴齿轮啮合，行星齿轮的背面和差速器壳相应位置的内表面均做成球面，保证行星齿轮对准正中心，以利于和两个半轴齿轮正确地啮合。而半轴齿轮的轴颈分别支撑在差速器壳相应的左右座孔中，并借花键与半轴相连。

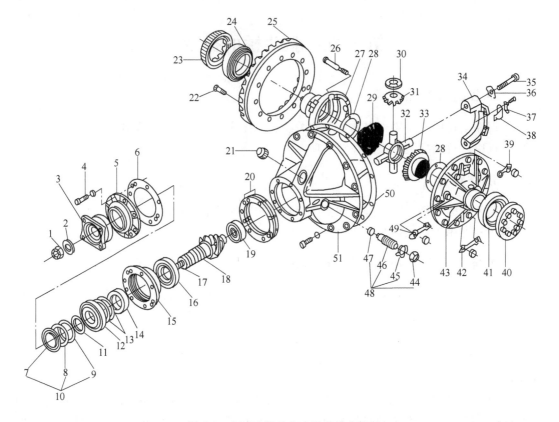

图 6-3 主减速器及差速器零件分解图

1—槽型螺母 2—垫圈 3—连接凸缘 4—锁紧螺栓 5—油封座 6—油封座衬套垫 7—主动锥齿轮外油封 8—油封导向环 9—主动锥齿轮内油封 10—油封总成 11—止推垫圈 12—前外轴承 13—调整垫片 14—主动锥齿轮前轴承隔套 15—主动锥齿轮前轴承座 16—前内轴承 17—开口销 18—主动锥齿轮 19—后轴承 20—主动锥齿轮调整垫 21—加油螺塞 22—从动锥齿轮连接螺栓 23、40—调整螺母 24、41—差速器轴承 25—从动锥齿轮 26—连接螺栓 27—差速器右壳 28—半轴齿轮支承垫圈 29、33—半轴齿轮 30—行星齿轮支承垫 31—行星齿轮 32—差速器十字轴 34—差速器轴承盖 35—螺栓 36、37、39、42、49—锁片 38—止动片 43—差速器左壳 44—锁螺母 45—支承螺栓锁片 46—支承螺栓 47—支承套 48—从动锥齿轮支承套总成 50—衬垫 51—主减速器壳

动力自主减速器主动锥齿轮 18 依次经从动锥齿轮 25、差速器壳（27、43）、差速器十字轴 32、行星齿轮 31、半轴齿轮（29、33）和半轴输出给驱动车轮。当两侧车轮以相同的转速转动时，行星齿轮只绕半轴轴线转动（公转）。若两侧车轮阻力不同，则行星齿轮在公转运动的同时，还绕自身轴线转动（自转），因而两半轴齿轮带动两侧车轮以不同转速转动。

2. 非断开式单级主减速器驱动桥的拆装

拆装前，先播放 EQ1090E 型汽车单级主减速器及差速器的拆装视频，或利用手机扫描二维码 6-4 观看拆装过程，掌握其拆装过程和方法。

（1）非断开式单级主减速器驱动桥的拆卸

1）半轴的拆卸。如图 6-4 所示，将驱动桥放在拆卸架上，拆下放油孔螺塞 12，放净驱动桥壳 13 内的润滑油，拆卸半轴凸缘与轮毂的连接螺母 2，取下锥套 3 和弹

二维码 6-4

簧垫圈。然后拆卸螺栓1,将螺栓上的螺母旋下,再把两螺栓均匀地拧进去,将半轴4顶出取下。

2) 主减速器和差速器总成的拆卸。如图6-4所示,拆卸主减速器壳和桥壳后盖的螺栓,取下桥壳后盖10,然后将主减速器和差速器总成从驱动桥壳内取出,拆下桥壳顶部的通气螺塞7。

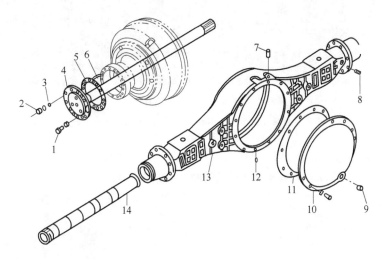

图6-4 半轴及主减速器和差速器总成的拆卸
1—螺栓 2—连接螺母 3—锥套 4—半轴 5、11—衬垫 6—双头螺柱 7—通气螺塞
8—半轴套管制动螺塞 9—油面孔螺塞 10—桥壳后盖 12—放油孔螺塞
13—驱动桥壳 14—半轴套管

3) 主动锥齿轮连接凸缘的拆卸。如图6-5所示,先用小铁锤敲出开口销1。锁定主动锥齿轮连接凸缘6,用42mm的套筒4及棘轮手柄3旋下凸缘螺母2和垫圈5。然后用铝棒敲击主动锥齿轮连接凸缘6,并取下连接凸缘。

图6-5 拆卸主动锥齿轮连接凸缘
1—开口销 2—凸缘螺母 3—棘轮手柄 4—套筒 5—垫圈 6—连接凸缘

4) 主减速器从动齿轮的拆卸。如图6-6所示,在差速器轴承盖及主减速器壳之间做好装配标记7,注意左、右轴承盖不能互换。用一字槽穿透螺钉旋具2将左、右差速器轴承盖4上的锁片5撬平,用12mm扳手旋下左、右差速器轴承盖上的4个M8的螺栓3,取下锁片5和止动片6。

图 6-6 拆卸止动片

1—从动齿轮 2——字槽穿透螺钉旋具 3—螺栓 4—轴承盖 5—锁片 6—止动片 7—装配标记

如图 6-7 所示,用 24mm 套筒和扭力扳手 2 旋下 4 个 M16 的左、右差速器轴承盖紧固螺栓 1。取下左、右差速器轴承盖 4 和差速器轴承调整螺母 3。

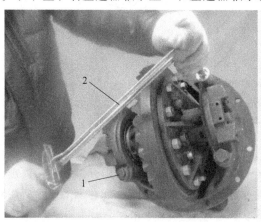
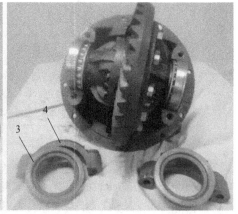

图 6-7 拆卸轴承盖和调整螺母

1—紧固螺栓 2—扭力扳手 3—调整螺母 4—轴承盖

如图 6-8 所示,拆卸主减速器从动锥齿轮的支承螺栓锁片、锁紧螺母,用活扳手 2 旋出支承螺栓 1,掌握支承螺栓的作用。

如图 6-9 所示,将差速器总成固定住,用 21mm 套筒和扭力扳手旋下 20 个 M14 的固定螺栓 1。用铝棒敲击主减速器从动齿轮 3,使其与差速器总成 2 分开。

5)差速器总成的分解。如图 6-10 所示,固定差速器右壳 7,用铝棒 1 敲击差速器左壳 2,使差速器左、右壳分开,取出差速器行星齿轮 5、半轴齿轮 4、差速器十字轴 8 和支承垫圈 3、6。观察半轴齿轮支承垫圈 3 和行星齿轮支承垫圈 6 的结构。

6)主减速器主动锥齿轮的拆卸。如图 6-11 所示,用 18mm 套筒和棘轮手柄旋下 7 个 M10 的固定螺栓。取下主减速器油封座 2 和油封座衬套垫 1。用一字槽螺钉旋具两边对撬,取出主减速器主动锥齿轮轴承座 4、轴承 8、调整垫片 3、5 和主动锥齿轮 6。注意观察主动锥齿轮的支承形式,前轴承的润滑油道,掌握调整垫片的作用。

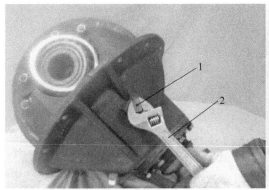

图 6-8　拆卸从动锥齿轮的支承螺栓
1—支承螺栓　2—活扳手

图 6-9　拆卸主减速器从动齿轮
1—固定螺栓　2—差速器总成　3—从动齿轮

图 6-10　拆卸差速器总成
1—铝棒　2—差速器左壳　3—半轴齿轮支承垫圈　4—半轴齿轮　5—行星齿轮
6—行星齿轮支承垫圈　7—差速器右壳　8—差速器十字轴

 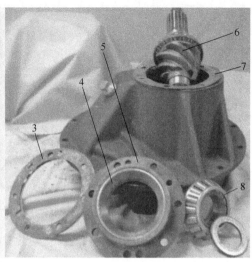

图 6-11　拆卸主减速器主动锥齿轮

1—油封座衬套垫　2—油封座　3、5—调整垫片　4—轴承座　6—主动锥齿轮　7—主动锥齿轮调整垫　8—轴承

（2）非断开式单级主减速器驱动桥的装配　装配时，按拆卸的相反顺序进行，主要步骤如下：

1) 清洗零件，要求零件内腔无铁屑等尘物，并检查零件有无损伤。

2) 主动锥齿轮及其轴承座总成的装配（参见图6-3）。需将前内、外轴承装到主动锥齿轮轴颈上，使其紧靠齿轮大端端部，把后轴承压靠在齿轮小端台肩上。在前内轴承16前装入轴承座15、轴承隔套14、调整垫片13、前外轴承12，放入止推垫圈11和主动锥齿轮连接凸缘3，不装油封座及油封。将轴承预紧度调好后，拆下连接凸缘3。把内、外油封9、7及导向环8装入油封座5内，再将油封座及其衬套垫6、连接凸缘3、垫圈2和槽型螺母1依次装到主动锥齿轮轴颈上，然后按规定力矩392~490N·m旋紧槽型螺母，插入开口销将其锁好。

3) 差速器总成的装配（参见图6-3）。在与半轴齿轮（29、33）、行星齿轮31相配合的工作面上涂抹机油，将半轴齿轮支承垫圈28连同半轴齿轮一起装入，将已装好行星齿轮及其垫片的十字轴装入左差速器壳的十字槽中，并使行星齿轮与半轴齿轮啮合。在行星齿轮上装上右边的半轴齿轮及其垫片，将差速器右壳合到左壳上，注意对准壳体上的装配标记。从右向左插入差速器壳紧固螺栓，在螺栓左端装上锁片，用螺母紧固（注意螺栓头部的削扁部分要卡在右壳的台肩上并注意各螺母按对角旋紧），旋紧力矩为137~157N·m。半轴齿轮支承端面与垫片的间隙（半轴齿轮与行星齿轮无隙啮合时）应不大于0.5mm，若不符合规定，应换用新的支承垫圈。然后将从动锥齿轮装到差速器左壳上，用螺栓紧固，螺母的旋紧力矩为137~157N·m，旋紧后用锁片锁住螺母，用锤子将锁片翻边。

4) 主减速器锥齿轮啮合的调整（参见图6-3）。将差速器总成装入主减速器壳51，将轴承的外圈套上，再将调整螺母23、40装在差速器壳的螺纹部分。将左、右轴承盖34仔细装上，注意对好螺纹，然后装上锁片和紧固螺栓，慢慢旋动两端的调整螺母，调整差速器轴承的预紧度。

将已经装配好的主动锥齿轮及轴承座总成装入主减速器壳内，通过改变调整垫片厚度来调整主、从动锥齿轮的啮合印迹，主、从动锥齿轮的啮合间隙调整可用差速器轴承调整螺母来实现。由于差速器轴承预紧度已预先调好，因此调整主减速器主、从动锥齿轮啮合间隙时，一侧松（紧）多少，另一侧应紧（松）多少，以保持差速器轴承预紧度不变。

主减速器锥齿轮啮合调整好后，在差速器轴承盖上装上调整螺母的止动片 6，用螺栓 3 紧固，并用锁片 5 将螺栓头部锁住（参见图 6-6）。

将紧固主动锥齿轮轴承座和油封座的锁紧螺栓 4（参见图 6-3）装上弹簧垫圈，旋紧至规定力矩。再在主减速器壳的左侧，旋入从动锥齿轮支承螺栓及支承套总成，支承套与从动锥齿轮的背面之间应有 0.3~0.5mm 的间隙。调整时，一边转动从动锥齿轮，一边旋入支承螺栓，直至与从动锥齿轮背面接触，然后退回 1/4 圈，调整好后用锁紧螺母 44 锁紧，并用锁片 45 锁住螺母。在旋紧支承螺栓锁紧螺母时，应用扳手或手钳固定支承螺栓的尾部，防止螺栓转动影响调整好的间隙。

5）将已装配好的主减速器及差速器总成装入驱动桥壳 13（参见图 6-4），注意主减速器总成要摆正，否则不易装入，用扳手紧固主减速器壳的螺栓和后盖螺栓。

6）半轴的装配（参见图 6-4）。将左、右半轴 4 装入半轴套管 14 内，其花键部分插入半轴齿轮的内花键孔，旋上装在凸缘上供拆装用的螺栓 1，最后装上锥套 3 及弹簧垫圈，用螺母 2 拧紧。

3. 铃木面包车非断开式驱动桥的拆装

考虑到 EQ1090E 型汽车的非断开式驱动桥的体积较大，为了安全并便于学生拆装，结合拆装实习，下面介绍铃木面包车非断开式驱动桥总成的拆装过程。

拆卸前，可在电脑上播放拆卸视频资料，或利用手机扫描二维码 6-5 观看拆卸过程，掌握其正确的拆卸方法。

二维码 6-5

非断开式驱动桥拆卸的主要步骤：

1）拆卸半轴。首先拆下汽车轮胎，在拆卸制动毂时，需将两个螺栓拧入螺孔，将制动毂顶出，取下制动毂。然后拆卸制动底板，用橡胶锤敲打底板背面，将制动底板连同半轴一起从驱动桥壳中敲出来。

2）拆卸主减速器总成。拆卸主减速器壳的固定螺栓，取下主减速器和差速器总成。拆卸差速器壳体轴承盖的螺栓，拆下轴承盖，取下差速器。然后拆卸主减速器从动齿轮固定螺栓，用冲子铳出固定销。拆卸行星齿轮轴、行星齿轮及其垫片，拆下半轴齿轮。

二维码 6-6

装配时，按拆卸的相反顺序进行。要求装配前，先观看非断开式驱动桥总成的装配视频，或利用手机扫描二维码 6-6 观看装配过程，掌握正确的装配方法。

4. 双级主减速器的结构简介

非断开式双级主减速器驱动桥以解放 CA1092 型汽车为例说明，在此只对结构形式不同的双级主减速器结构进行阐述。

双级主减速器的结构剖面图如图 6-12 所示。主减速器的第一级传动比由一对螺旋锥齿轮副决定，第二级传动比由一对斜齿圆柱齿轮副决定。主、从动锥齿轮的齿数分别为 13 和 25，第二级主、从动斜齿圆柱齿轮的齿数分别为 15 和 45，主减速器传动比为 5.77。

如图 6-12 所示，第一级主动锥齿轮 11 与第一级主动锥齿轮轴 9 制成一体，采用悬臂式支承。即主动锥齿轮轴支承在位于齿轮同一侧的两个相距较远的圆锥滚子轴承上，而主动锥齿轮悬伸在轴承之外。这种支承形式的结构比较简单，但支承刚度不如跨置式的大。

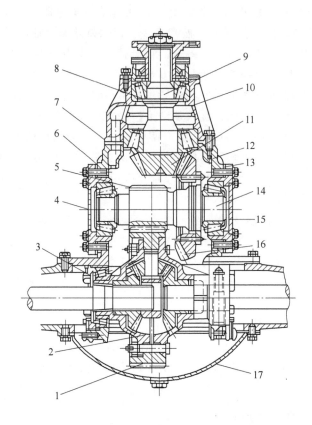

图 6-12 解放 CA1092 型汽车双级主减速器及差速器剖面图

1—第二级从动齿轮 2—差速器壳 3—调整螺母 4、15—轴承盖 5—第二级主动齿轮
6、7、8、13—调整垫片 9—第一级主动锥齿轮轴 10—轴承座 11—第一级主动锥齿轮
12—主减速器壳 14—中间轴 16—第一级从动锥齿轮 17—后盖

第一级主动锥齿轮轴 9 的轴承预紧度,可借助增减其前轴承小端处的调整垫片 8 的厚度来调整,中间轴 14 的圆锥滚子轴承预紧度则借助改变两侧轴承盖 4、15 与主减速器壳 12 间的调整垫片总厚度来调整。支承差速器壳的滚子轴承预紧度可利用左、右侧的调整螺母 3 进行调整。为了便于进行主减速器锥齿轮副的啮合调整,主、从动锥齿轮的轴向位置都可以略加移动。增加轴承座 10 与主减速器壳 12 间的调整垫片 7 的厚度,第一级主动锥齿轮 11 则沿轴向离开从动锥齿轮 16,反之则靠近。若减少左轴承盖 4 处的调整垫片 6 的数量,同时将这些拆卸下来的垫片都加到右轴承盖 15 处,则从动锥齿轮 16 右移,反之则左移。若两组垫片 6 和 13 的厚度减、增量不相等,则会破坏已调整好的中间轴的轴承预紧度。

5. 双级主减速器的拆装

双级主减速器与差速器的分解图如图 6-13 所示,其拆装过程与非断开式单级主减速器驱动桥的拆装过程相似,在此不赘述。

四、断开式驱动桥的结构简介和拆装

断开式驱动桥的结构和拆装以上海桑塔纳 2000 轿车为例说明。

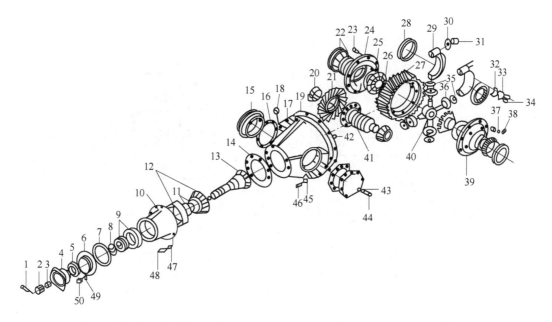

图 6-13 CA1092 型轿车的主减速器与差速器的分解图

1、38—开口销 2—主动锥齿轮凸缘螺母 3—垫圈 4—主动锥齿轮凸缘 5—油封 6—油封座 7、19—密封垫 8—主动锥齿轮凸缘止推垫圈 9—主动锥齿轮前轴承 10—主动锥齿轮轴承座 11、14、16—调整垫片 12—主动锥齿轮后轴承 13—主动锥齿轮 15—从动锥齿轮轴承盖 17—主减速器壳 18—加油孔螺塞 20—主动圆柱齿轮轴承 21—从动锥齿轮 22—轴承 23、34、44、46、48、50—螺栓 24—差速器右壳 25—半轴齿轮支承垫圈 26—半轴齿轮 27—从动圆柱齿轮 28—差速器轴承 29—差速器轴承盖 30、33—锁片 31、37—螺母 32—止动片 35—行星齿轮支承垫 36—行星齿轮 39—差速器左壳 40—十字轴 41—主动圆柱齿轮 42—螺柱 43、45、47、49—弹簧垫圈

1. 断开式驱动桥的结构简介

断开式驱动桥的结构示意图参见图 6-2。

上海桑塔纳 2000 轿车传动系统的布置方案采用发动机前置前轮驱动形式，**将变速器和驱动桥两个动力总成合为一体**，省去了变速器到主减速器之间的万向传动装置，变速器的输出轴就是主减速器的输入轴。半轴分段通过内、外两个球笼式等速万向节将动力传给轮毂，半轴与万向节的连接关系参见图 5-8。

如图 6-14 所示，桑塔纳 2000 轿车的单级主减速器采用准双曲面齿形的主、从动锥齿轮，轴线不相交，两者呈下偏置布置。主动锥齿轮与输入轴制成一体，用双列圆锥滚子轴承 7 和圆柱滚子轴承 9 支承在变速器壳体上。环状的从动锥齿轮靠凸缘定位，并用螺钉与差速器壳连接，差速器壳由一对圆锥滚子轴承 1 支承在变速器前壳体 2 上。

主减速器锥齿轮啮合的调整包括轴承预紧度、齿面啮合印迹和啮合间隙的调整。主动锥齿轮轴上轴承 7 的预紧度无须调整，差速器壳上的轴承 1 的预紧度可通过增减调整垫片 12 和 4 的厚度来调整，主、从动锥齿轮啮合印迹和间隙的调整，可通过调整垫片 4、8、12 来进行，即增减垫片厚度，可使主、从动锥齿轮轴向移动。

有些轿车采用发动机横置前驱结构，由于主减速器主动齿轮轴线与差速器轴线平行，不需改变动力传递的方向，因此主减速器的主、从动齿轮采用一对圆柱斜齿轮即可。

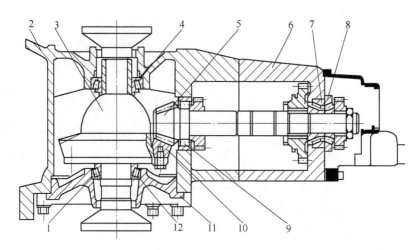

图 6-14 上海桑塔纳 2000 轿车单级主减速器结构示意图
1—圆锥滚子轴承 2—变速器前壳体 3—差速器 4、8、12—调整垫片 5—主动锥齿轮 6—齿轮箱体
7—双列圆锥滚子轴承 9—圆柱滚子轴承 10—从动锥齿轮 11—传动器盖

桑塔纳 2000 轿车差速器的结构如图 6-15 所示。由于轿车的主减速器输出转矩不大，可采用两个行星齿轮（5、9），一根直销式的行星齿轮轴 6，差速器壳 14 制成整体框架结构，其前后两侧开有大窗孔，以便拆装行星齿轮和半轴齿轮（3、7）。行星齿轮轴装入差速器壳后用止动销 10 定位，半轴齿轮背面也制成球面，其背面的推力垫片与行星齿轮背面的推力垫片制成一个整体，称为复合式推力垫片 2，螺纹套 4、8 用来紧固半轴齿轮。

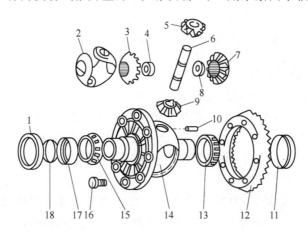

图 6-15 上海桑塔纳 2000 轿车差速器
1、11、13、15—圆锥滚子轴承 2—复合式推力垫片 3、7—半轴齿轮 4、8—螺纹套
5、9—行星齿轮 6—行星齿轮轴 10—止动销 12—主减速器从动锥齿轮
14—差速器壳 16—螺栓 17—车速里程表齿轮 18—车速里程表齿轮锁紧套

2. 断开式驱动桥的拆装

桑塔纳 2000 轿车断开式驱动桥的拆装与第四章两轴式变速器的拆装、第五章等速万向传动装置和本章的单级主减速器的拆装内容有交叉，因此在此只阐述主减速器从动齿轮和差速器总成的拆装。

▶拆装前，先播放桑塔纳2000轿车两轴式变速器的拆装视频，重点观看并掌握主减速器从动齿轮和差速器总成的拆装过程与方法。

（1）主减速器从动齿轮和差速器总成的拆卸

1）输出轴的拆卸。如图6-16所示，在变速器的前壳体上，用13mm的套筒及棘轮手柄拆下左、右两侧差速器与输出轴的M8连接螺栓，取出连接螺栓和输出轴。

图6-16　拆卸输出轴

1—棘轮手柄　2—套筒　3—棘轮手柄　4—输出轴

2）车速里程表传感器的拆卸。如图6-17所示，用22mm呆扳手拆下车速里程表传感器。

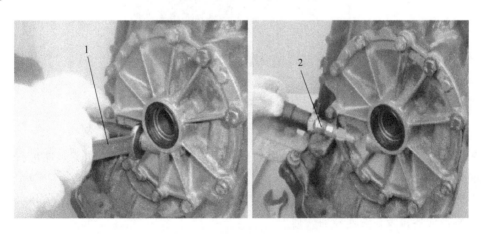

图6-17　拆卸车速里程表传感器

1—呆扳手　2—车速里程表传感器

3）传动器盖的拆卸。如图6-18所示，用13mm的套筒及棘轮手柄按对角方向拆下10个M8的传动器盖固定螺栓，取下传动器盖。

4）主减速器从动齿轮和差速器总成的拆卸。如图6-19所示，取出主减速器从动齿轮及差速器总成。

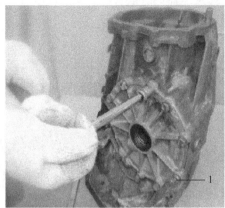

图 6-18 拆卸传动器盖
1—固定螺栓 2—传动器盖

图 6-19 拆卸主减速器从动齿轮和差速器总成
1—主减速器从动齿轮 2—差速器总成

(2) 主减速器从动齿轮和差速器总成的装配 装配时,按拆卸的相反顺序进行,主要步骤如下:

1) 将主减速器从动齿轮和差速器总成装入变速箱前壳体内。

2) 将传动器盖装在变速器前壳体上。

3) 用 13mm 的套筒和快速摇柄拧上 10 个 M8 的固定螺栓。再用扭力扳手将这 10 个螺栓按对角方向分几次拧至规定的力矩。

4) 用 22mm 的呆扳手将车速里程表传感器底座拧至规定的力矩,将车速里程表传感器旋紧在底座上。

5) 用 13mm 的套筒及棘轮手柄拧上用于连接左、右两侧差速器与输出轴的 M8 连接螺栓,拧至规定的力矩。

类 比 思 维

一、类比思维的概念

"类比思维"方法是解决陌生问题的一种常用策略。它让我们充分开拓自己的思路，运用已有的知识、经验将陌生的、不熟悉的问题与已经解决了的熟悉的问题或其他相似事物进行类比，从而创造性地解决问题。类比是将两个既相似又有别的事物放在一起比较，找出联系和差别，从而有所发现的方法，是辩证法关于事物相互联系观点的运用，属于辩证逻辑中比较的方法。

二、类比思维的特征

(1) **灵活性** 世界不仅是普遍联系的，而且联系的方式又是多样的。类比也不局限于同类事物之间，那些表面上看起来风马牛不相及的事物和现象之间也总是存在着某种联系，也都是可以进行类比，并从中得到启发而有所发现的。类比的适用范围很宽，类比的形式和方法不拘一格，类比的作用或效果既具有认识意义，也具有实践意义；既可以帮助我们认识和改造物质世界，也有助于我们认识和改造人的精神世界。

中国古代笑话集《雅谑》记载，有个人的母亲笃信佛，一天到晚念"南无阿弥陀佛"。有一天，这个人一早起来便喊："妈！"母亲答应了他。过一会他又喊："妈！"母亲又答应了他。可这个人还是没完没了地喊。母亲终于被喊烦了，便没好气地说："不在！不在！你烦不烦呀？"这个人笑着说："我才喊了您几声，您就不高兴了。那阿弥陀佛每天不知被您喊多少遍，不知他该怎样发脾气呢！"这位儿子表达对母亲整天念经的烦恼没有采用生活中常见的直接抱怨的方式，而是运用了"类比思维"的方法，通过没完没了地多次呼喊母亲，使其产生厌烦体验，促其联想到重复念经可能会产生的后果。这种富于创意的劝说方法，产生了特殊的效果，既没有因为指责或抱怨伤害母亲，也起到了提醒促其反思的作用。

(2) **中介性** 类比是一种把两个或两个以上的事物或现象联系在一起的思维方式，类比犹如一座座桥梁，把彼此分离的事物连接在一起。联系的过程往往就成为解决问题的过程，联系建立了，问题就解决了。台湾大学曾仕强教授在百家讲坛《易经的奥秘》系列节目中说，以前我看到那些不讲理的人我会生气，现在我不会了，我心里这样想，三季人，我就没事了。对于任何事情，当你要发脾气，当你情绪很不稳定的时候，一想到三季人，你就心平气和了。把不讲理的人类比为三季人，就能解决生气的问题。

三季人是孔子和他的学生子贡对话中提到的一个人。原文为：朝，子贡事洒扫，客至，问曰："夫子乎？"曰："何劳先生？"曰："问时也。"子贡见之曰："知也。"客曰："年之季其几也？"笑答："四季也。"客曰："三季。"遂讨论不止，过午未休。子闻声而出，子贡问之，夫子初不答，察然后言："三季也。"客乐而乐也，笑辞夫子。子贡问时，子曰："四季也。"子贡异色。子曰："此时非彼时，客碧服苍颜，田间蚱尔，生于春而亡于秋，何见冬也？子与之论时，三日不绝也。"子贡以为然。

大意是：早晨，子贡在大院门口打扫院子。有客人来，问子贡："孔子在吗？"子贡答道："找先生有何事？""问个有关'时'的问题"子贡答道："那我也能回答你。""我的问题是一年有几季？""四季。"子贡笑答。"不对，一年只有三季！""四季！""三季！""四季！"子贡理直气壮。"三季！"来人毫不示弱。然后就争论不止，很长时间也不停。孔子听到声音，从院内出来，子贡上前讲明原委，让孔子评定。孔子先是不答，观察一阵后说："一年的确只有三季。"来人见此，大笑而去。待来人走后，子贡忙问老师："这一年应是几季？"孔子答："四季。"子贡不解。孔子继而说道："这时和刚才不同，方才那人一身绿衣，分明是田间的蚱蜢。蚱蜢者，春天生，秋天亡，一生只经历过春、夏、秋三季，哪里见过冬天？所以在他的思维里，根本就没有'冬季'这个概念。你跟这样的人争上三天三夜也不会有结果的。"说完，子贡立刻明白了。

三、类比思维的方法

（1）**形式类比** 形式类比包括形象特征、结构特征和运动特征等几个方面的类比。

有一位日本母亲，她的儿子生病了，她看着儿子躺在床上无法使用笔直的吸管喝水，只能用勺子喂他，十分难受。于是，她开始琢磨怎样能让儿子躺着也能喝水。

一次偶然的机会，她在洗衣服的时候发现洗衣机的导水管是蛇形的，突然灵机一动，为什么不能把吸管也做成这样呢？于是，她将吸管中间的一段做成蛇形的，这样，她就发明了能弯曲的吸管。

（2）**功能类比** 功能类比是把一个事物的功能应用于其他事物上，从而提出新的思维结果。近代发明家贝尔发明电话机的灵感就是来源于把人的耳骨的薄膜与电话膜片直接类比。他不无自豪地回想起自己是如何应用类比思维技巧而获得成功的，他说："我注意到，与控制耳骨的灵敏的薄膜相比，人的耳骨的确很大。这使我想到，是否存在一种薄膜也是这样灵敏以至能够摇动几倍于它的很大的骨状物。这就是较厚而又粗糙的膜片不能使我的钢片振动的原因，电话就这样被构想出来了。"

（3）**原理类比** 原理类比是指把一个事物的原理应用在其他事物上，从而产生积极结果的思维方法。

日本有家公司在铁路沿线的三个地方分别开设了3家药店，销售额总是上不去，十分着急。

有一天，又急又恼的公司社长上了电车回家。在电车上，他看见几个小学生都把手指套在三角尺的窟窿里，用一只手转着玩。他突然站起身来："哦！这里面有名堂。"

他两眼盯着三角尺，忽然觉得心里一亮。此时，他想起以前看过的有关军队战略战术的书来："这些直线排列的点，很容易被外力阻断运输线路，这正是失败的最大原因。为了和友军保持密切的合作，应该确保至少三点鼎立。"想到这里，他激动起来。

回到家里，他拿来地图一看，发现他刚开设的三家药店果然分布在一条直线上，不觉恍然大悟："如果把三家药店呈三角形配置起来，那就取得了中间部分的面积，三角形区域内居住的人都会来买我的货了。"

不久，他就调整了药店的分布，营业额果然逐渐上升，取得了很大的效益。

创新思维训练

一、课堂训练内容

1. 利用头脑风暴法讨论当汽车一侧车轮滑转时,如何从结构设计或使用等方面采取防滑措施保证汽车行驶。
2. 运用类比思维构思不同结构类型组合的驱动桥。

二、作业和自我训练

1. 作业

1)利用思维导图法画出单级主减速器驱动桥的结构关系图。
2)运用思维导图法画出差速锁的结构并阐述其工作原理。

2. 自我训练

1)在有限的空间结构中,有哪些方法可以增大主传动比?
2)运用类比思维思考有哪些措施可以保证主减速器齿轮的啮合印迹?
3)多桥驱动的车辆,其动力有哪些传递方式?
4)空气污染越来越严重,你能想出哪些对策来改善空气质量?
5)运用类比思维思考驱动桥可以怎样改装,能让车辆的燃油经济性更好。
6)设想在驱动桥上实现一些其他的功能。
7)驱动桥上的主要部件是如何润滑的?试想象一些独特的润滑方式。
8)思考车桥上哪些部位最容易损坏?会导致怎样的后果?

第七章

汽车行驶系统拆装与创新思维训练

第一节 汽车行驶系统概述

汽车轮式行驶系统一般由车架、车桥、车轮和悬架组成,车架是整车的装配基体,车轮支承着车桥,车桥通过悬架与车架连接,系统组成简图参见图1-9,其功用是支持整车并保证车辆的正常行驶。

一、车架的功用和类型

车架的功用是支承连接汽车的各零部件,并承受来自车内外的各种载荷。按照车架的结构形状一般分为边梁式、中梁式和综合式三种类型,其中边梁式车架应用最广泛。边梁式车架是由两根纵梁和若干根横梁组成的,中梁式车架只有一根位于中央贯穿前后的纵梁,而综合式车架同时具有边梁式和中梁式车架的特点。

现代许多轿车和大客车上没有车架,其车架的功能由轿车车身或大客车车身骨架承担,故称其承载式车身。车架的类型可利用手机扫描二维码7-1观看。

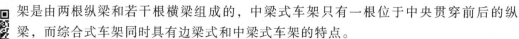

二维码7-1

二、车桥的功用和类型

车桥通过悬架和车架(或承载式车身)相连,它的两端装有车轮,**其功用是传递车架(或承载式车身)与车轮之间各方向的作用力及其力矩**。

根据悬架结构不同,车桥可分为整体式和断开式两种。当采用非独立悬架时,车桥中部是刚性的实心或空心梁,这种车桥即为整体式车桥;断开式车桥为活动关节式结构,与独立悬架配用。

根据车桥上车轮的作用不同,车桥可分为转向桥、驱动桥、转向驱动桥和支持桥四种类型,其中转向桥和支持桥都属于从动桥。

根据车桥安装位置的不同,车桥分为前桥、中桥和后桥。

三、车轮总成的功用和类型

车轮总成主要由车轮和轮胎两大部分组成。其功用是支承汽车的重量,吸收不平路面引起的振动；产生并传递汽车与路面间的各种力和力矩（驱动力、制动力、侧向力、回正力矩等）；承担越障和提高通过性的作用等。

车轮是介于轮胎和车轴之间承受负荷的旋转组件，通常由轮辋、轮辐组成，有时还包括轮毂。轮辋是在车轮上安装和支承轮胎的部件，轮辐是车轮上介于车轴和轮辋之间的支承部件。根据轮辐的构造，车轮可分为辐板式和辐条式两种主要类型。

轮胎安装在轮辋上，直接与路面接触。根据胎体结构不同，汽车轮胎可分为充气轮胎和实心轮胎，现代汽车一般采用充气轮胎。充气轮胎若按组成结构可分为有内胎轮胎和无内胎轮胎两种，若按帘线排列方向可分为普通斜交胎、带束斜交胎和子午线轮胎。

四、悬架的功用和类型

悬架是车架（或承载式车身）与车桥（或车轮）之间的一切传力连接装置的总称，其功用是缓冲、减振、导向和传力，保证汽车的正常行驶。悬架一般由弹性元件、减振器和导向机构三部分组成，如图7-1所示。此外，还辅设有横向稳定器和缓冲块。

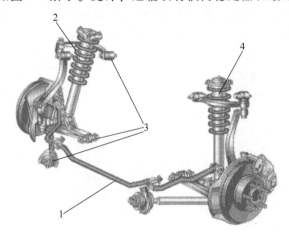

图 7-1 汽车悬架组成示意图
1—横向稳定器　2—弹性元件　3—导向机构　4—减振器

汽车悬架可分为非独立悬架和独立悬架两大类。非独立悬架的结构特点是两侧的车轮装在整体式车桥两端，车轮同车桥一起通过悬架挂在车架的下面，当一侧车轮跳动时，必然引起另一侧车轮的摆动。而独立悬架的结构特点是两侧车轮单独地通过弹性悬架与车架（或车身）相连，每个车轮能独立地上下运动，车桥做成断开式。

独立悬架的结构及前轮定位参数的讲解，可利用手机扫描二维码7-2观看视频资料。

二维码 7-2

第二节　行驶系统的拆装

一、拆装的目的和要求

1. 掌握汽车行驶系统的主要零件名称、装配关系和工作原理。
2. 掌握前、后桥及其悬架的正确拆装方法和注意事项。
3. 掌握车轮和轮胎的正确拆装方法。

二、设备器材

1. 桑塔纳 2000 轿车底盘。
2. 桑塔纳 2000 轿车悬架拆装专用工具。
3. 轮胎拆装机 1 台、空气压缩机 1 台、轮胎充气工具 1 件、举升机 1 台。

三、前桥与前悬架的结构简介和拆装

前桥与前悬架的结构和拆装以桑塔纳 2000 轿车为例说明。

1. 前桥与前悬架的结构简介

如图 7-2 所示，桑塔纳 2000 轿车采用前轮驱动，前桥为转向驱动桥，由两侧的万向节、等速万向节、半轴和位于中间位置的主减速器、差速器（图中未画出）等组成。其中等速万向节为球笼式万向节，由 RF、VL 等速万向节和花键驱动轴组成。

图 7-2 所示的前悬架为麦弗逊式独立悬架，由双向筒式减振器、螺旋弹簧、下摆臂、横向稳定器等组成。前悬架上端通过减振器支柱座与车身连接，下端与万向节相连。下摆臂的内端通过铰链与车身相连，其外端通过球销接头与万向节相连。

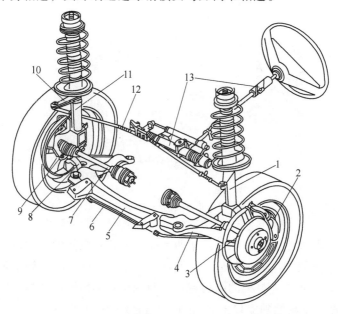

图 7-2 桑塔纳 2000 轿车前桥结构图

1、11—悬架 2—前轮制动钳 3—制动盘 4、8—下摆臂 5—副车架 6—横向稳定器
7—半轴总成 9—外等速万向节 10—万向节 12—转向横拉杆 13—转向装置总成

2. 前桥与前悬架的拆装

(1) 前悬架总成的拆装

1) 车轮着地，取下车轮装饰罩，旋下轮毂与传动轴的紧固螺母，拆下垫圈，旋下车轮紧固螺母，拆下车轮，如图 7-3 所示。

2) 旋下制动钳紧固螺栓 a，取下制动盘，如图 7-4 所示。

3) 取下制动软管支架 b，并用铁丝将制动钳固定在车身上，拆下球头销紧固螺栓。

4）压下转向横拉杆接头，如图7-5所示，取下螺母。拧下横向稳定器的紧固螺栓，如图7-6中箭头所示，并拆下传动轴与轮毂的固定螺母和传动轴凸缘上的紧固螺栓。

5）向下掀压前悬架下摆臂，从车轮轴承壳内拉出传动轴；或利用两个固定车轮凸缘上的螺纹孔，将压力装置V.A.G1389固定在轮毂上，用液压装置从轮毂中拉出传动轴，如图7-7所示。拆下传动轴后，再拆下压力装置。

6）拆掉压力装置，取下减振器盖子，支撑减振器支柱下部或者沿反方向固定。用内六角扳手阻止活塞杆的转动，旋下活塞杆的螺母，如图7-8所示，取下前悬架总成。

图7-3 拆下轮毂与传动轴的紧固螺母

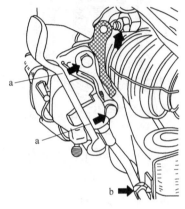

图7-4 拆卸制动钳紧固螺母及制动管支架

a—制动钳紧固螺栓 b—制动软管支架

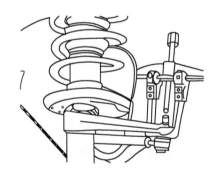

图7-5 压下转向横拉杆接头

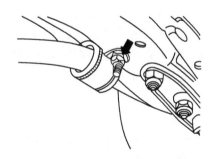

图7-6 拆卸稳定杆

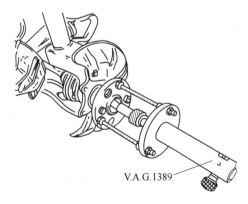

图7-7 拉出传动轴

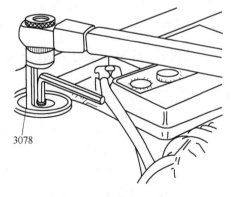

图7-8 旋下活塞杆的螺母

7）用专用工具压住前悬架弹簧座圈，压缩并压紧弹簧，如图7-9所示。

8）用扳手A阻止活塞杆的转动，松开槽型螺母，放开弹簧，拆卸减振器如图7-10所示。

9）按照拆卸相反的顺序安装前悬架总成。

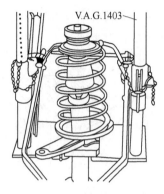
图7-9 用专用工具压缩弹簧

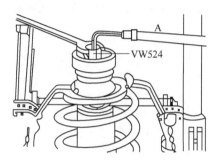
图7-10 松开槽型螺母

（2）传动轴总成的拆装

1）在车轮着地时，拧下传动轴与轮毂的固定螺母。

2）拧下传动轴凸缘上的紧固螺栓（参见图7-7），将传动轴与凸缘分开。

3）从车轮轴承壳内拉出传动轴。

4）按照拆卸相反的顺序安装传动轴总成。

（3）副车架、下摆臂和横向稳定器的拆装

1）拧下副车架与车身固定的前支承橡胶垫螺栓，拆下副车架下摆臂与横向稳定器组合件。

2）拧松下摆臂与副车架连接橡胶轴承的连接螺栓的自锁螺母，拆卸下摆臂。

3）拧松横向稳定器与下摆臂连接螺栓的紧固螺母，并且拆下固定在副车架上的支架螺栓，拆下横向稳定器。

4）用专用工具压出副车架前后4个橡胶支承。

5）用专用工具压出下摆臂两端的橡胶轴承。

6）按照拆卸时相反的顺序安装副车架、下摆臂和横向稳定器。

四、后桥与后悬架的结构简介与拆装

1. 后桥与后悬架的结构简介

后桥与后悬架的结构以桑塔纳2000轿车为例说明。桑塔纳轿车的后桥为支持桥，采用的是单纵臂式独立悬架，其分解图如图7-11所示。

2. 后桥与后悬架的拆装

1）将驻车制动拉索从拉杆上吊出，必要时脱开制动蹄。分开桥梁上的制动软管。松开车身上的支撑座，仅留1个螺母支撑。

2）拆下排气管吊环，用专用工具支撑住后桥横梁。

第七章 汽车行驶系统拆装与创新思维训练

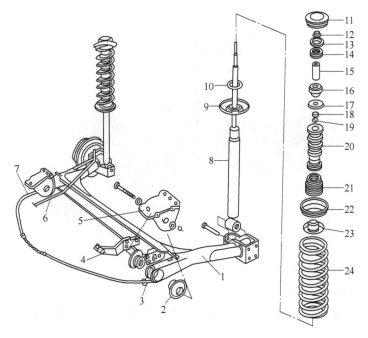

图 7-11 后桥与后悬架分解图

1—后悬架臂 2—橡胶金属支承 3—驻车制动拉杆支架 4—调节弹簧支架 5—支承座 6—制动软管 7—驻车制动拉索套管（固定弹簧钩在车身上） 8—减振器 9—下弹簧座圈 10、17—垫圈 11—塞盖 12—自锁螺母（拧紧力矩35N·m） 13—衬盘（隔圈） 14—上轴承环 15—隔套 16—下轴承环 18—隔圈 19—锁圈 20—缓冲块 21—波纹橡胶管 22—上弹簧座 23—护盖 24—螺旋弹簧

3）从车厢内取下减振器盖板，从车身上拧下支撑杆座螺母。拆卸车身上的整个轴承支架。

4）慢慢升起车辆，将驻车制动拉索从排气管上拉出。

5）将后桥及悬架从车身底下移出，将后悬架与后桥分解。

6）后桥及后悬架的安装按照与拆卸相反的顺序进行。

五、车轮总成的结构简介与拆装

车轮总成的结构和拆装以桑塔纳2000轿车为例说明。

1. 车轮总成的结构简介

车轮总成的结构如图7-12所示。桑塔纳系列轿车采用14in（35.6cm）车轮总成，轮辋是一件式、深槽铝合金（或钢制）轮辋，轮胎为无内胎子午线轮胎，型号为195/60 R 14 85 H。

2. 车轮总成的拆装

（1）**车轮总成的拆卸**

1）拆下车轮饰板。

2）用十字轮胎扳手或套筒扳手旋松车轮螺栓。

3）用举升机或千斤顶将汽车举起，旋开车轮螺栓，拆下车轮总成。

（2）**车轮总成的安装**

1）将车轮套在轮毂上，对准螺纹孔，用手将车轮螺栓旋入轮辋的锥形孔中。

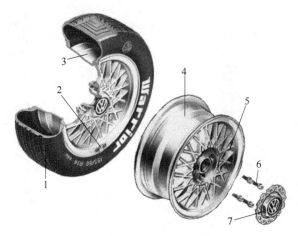

图 7-12 桑塔纳 2000 轿车车轮总成

1—子午线轮胎 2—平衡块 3、4—轮辋 5—铝合金辐条 6—车轮螺栓 7—车轮饰板

2）放下举升机或千斤顶，使车轮完全着地。
3）用十字轮胎扳手或套筒扳手依次交叉拧紧车轮螺栓，最后装上车轮饰板。

3．轮胎的拆装

（1）**轮胎拆装机** 轮胎拆装机的结构如图 7-13 所示。

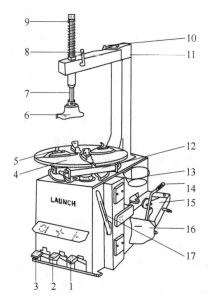

图 7-13 轮胎拆装机

1—分离铲脚踏 2—夹紧铲脚踏 3—转盘转向脚踏 4—转盘 5—卡爪 6—拆装头 7—六方杆
8—六方杆锁手柄 9—回位弹簧 10—旋钮手柄 11—立柱 12—卡爪夹紧气缸 13—油桶环
14—分离铲操纵手柄 15—分离铲臂 16—分离铲 17—撬杠

（2）**轮胎的拆卸**

1）将轮胎置于分离铲和橡胶垫之间，使分离铲边缘置于胎缘和轮辋之间，离轮辋边缘大约 1cm 处，如图 7-14 所示，然后脚踩分离铲脚踏，使胎缘与轮辋分离。在轮胎其他部位

重复以上操作,使胎缘与轮辋彻底分离。

2)将胎缘与轮辋已分离的车轮放在转盘上,夹紧轮辋,拉回横摆臂1,调整横摆臂1和六方杆2的位置,如图7-15所示,使拆装头内侧紧贴轮辋外缘,然后转动旋钮手柄4将横摆臂顶住,再顺时针旋转六方杆锁紧手柄3将六方杆锁紧。

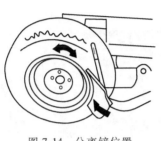

图7-14 分离铲位置

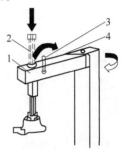

图7-15 调整位置
1—横摆臂 2—六方杆
3—锁紧手柄 4—旋钮手柄

3)用撬杠将胎缘撬在拆装头前端半球形突起之上,脚踩转盘转向脚踏,让转盘顺时针旋转,直到胎缘脱落为止,如图7-16所示。

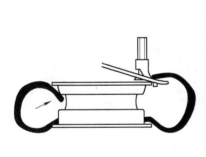

图7-16 用撬杠将胎缘撬在拆装头前端半球形突起之上

4)上抬轮胎,而后使拆装头相对位置的下胎缘进入轮槽,再将下胎缘撬到拆装头球形突起之上,脚踩转向脚踏,让转盘顺时针旋转,直到胎缘脱落为止,如图7-17所示。

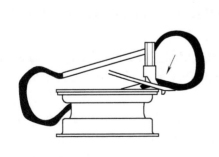

图7-17 让胎缘脱落

5）松开锁紧手柄，使升降杆升高，移开升降杆，取下轮胎，如图7-18所示。然后放松卡爪，取下轮毂，如图7-19所示。

（3）轮胎的装配

1）夹紧轮辋，在轮胎和轮辋上涂抹有效的润滑剂，将轮胎倾斜放在轮辋上，左端向上，将横摆臂拉回，进入工作位置，如图7-20所示。

图7-18　取下轮胎

图7-19　取下轮毂

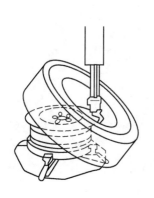

图7-20　将轮胎倾斜放在轮辋上

2）检查拆装头与轮辋的配合情况，如不符，应进行调整。调整轮胎与拆装头的相对位置，使轮胎内缘与拆装头交叉，压低胎肚，用脚踩住脚踏，顺时针旋转转盘，让下部胎缘完全落入轮辋槽内。

3）为了安装上胎缘，重新放好轮胎，调整好胎缘位置，用手压低胎肚，尽量使胎缘进入轮槽内，如图7-21所示。踩下转盘转向脚踏，此时手不要放开。松开锁紧手柄，使升降杆升高，移开拆装器。

4）检查气门芯与气门嘴是否配合平整，擦净灰尘，安装气门芯，缓慢并多次压充气枪，确定压力表显示的压力不超过注明的范围，如图7-22所示。

5）踩踏撑夹脚板，放松卡爪，取下车轮，关闭空气压缩机和轮胎拆装机电源，关闭气源。

第七章　汽车行驶系统拆装与创新思维训练

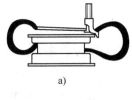

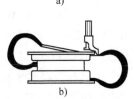

图 7-21　调整胎缘位置

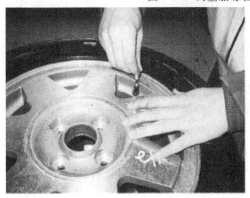

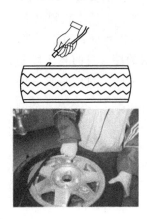

图 7-22　安装气门芯并充气

创新思维

还 原 思 维

一、还原思维的概念

还原思维又称原点思维、本质思维、第一原理思维等，是指从一个事物的某一创造起点按人们的创造方向反向追索到其创造原点，再以原点为中心进行各个方向上的发散并寻找其他的创造方向，另辟新路，用新思想、新技术创新创造该事物的思维方式。这种先还原到原点，再从原点出发解决创造问题的方法，往往能取得较大的成功。

温兆麟等在《创新思维的培养》一书中用一段形象的比喻说明还原思维的机理与作用："不要去追一匹马，用追马的时间种草，待到春暖花开时，就会有一批骏马任你挑选；不要去刻意巴结一个人，用暂时没有朋友的时间，去提升自己的能力，待到时机成熟时，就会有一批朋友与你同行。用人情做出来的朋友只是暂时的，用人格吸引来的朋友才是长久的。所以，丰富自己比取悦他人更有力量。"[⊖] 这里的"种草"就是"追马"的原点，提升自己就是结交朋友的原点。平时，我们用这些比喻提醒我们不要急功近利，要立足长远。从思维方式看，就是还原思维。

⊖　温兆麟，等. 创新思想的培养 [M]. 北京：清华大学出版社，2016.

二、还原思维的特征

（1）**本源性** 任何事物都有来头，都有出处。回到事物最初的来源，是还原思维的一个重要特征。从起源还原思维就是从纷繁复杂的现象和流行的时尚中跳出来，以源头论的观点对存在的事物、现象和潮流等追根溯源，摆正"源"与"流"的"根据"与"派生"、"主导"与"附属"的关系，以"源头"为唯一根据，走出"支流"膜拜误区，找到更多新的"支流"的可能性，从而有所突破和创新。我们都熟悉"司马光砸缸"的故事，用还原思维来分析，除了砸缸外，还可以有其他选择。比如，可以把石头放到水缸里让被淹的小孩站在石头上露出头来，可以把缸里的水舀出一部分使小孩能够露出头来，可以放一根杆子或一块长板到缸里让小孩爬上来等。不管用什么方法，这里的原点就是只要让小孩的头或者是鼻子嘴巴露出水面，可以呼吸就行了。

（2）**目的性** 目的与手段是我们社会生活中常见的一对关系。这一关系的基本原理是目的决定手段，目的是唯一的，手段是多样的，可以选择的。"条条大道通罗马"，去罗马是目的，至于怎么去，从哪条道去，都是可以选择的，不是唯一的。还原思维就是帮助我们从对手段的迷信和偏执中，提醒我们超越手段，回到目的本身，从而找到新的更好的手段。

（3）**本质性** 本质与现象是客观世界的又一对常见关系。这一关系的基本原理是，本质决定现象，现象反映本质。本质是稳定的、恒定的、内隐的，现象是多变的、多样的、外显的。我们能够看到的多是现象。认识事物的过程就是透过现象看本质的过程。还原思维就是帮助我们透过现象看本质的过程。

刚开始设计洗衣机时，起点是模仿人洗衣的搓、揉等动作，但设计完成这些动作的机械装置，要求它能适应大小不同的衣物，并能对不同部位进行搓揉显然是十分困难的。如果改用刷的方法，要处处刷到也很难实现。如果用捶打的方法，动作虽然简单，但容易损坏衣物或纽扣之类的东西。采用还原原理，跳出原来考虑问题的起点，从模仿人洗衣的动作（现象）还原到洗衣即给衣服去污这一本质，于是人们想到表面活性剂，用它制成了洗衣粉，将衣物置于水中，加入洗衣粉，再对衣物进行搅拌就能将衣物上的污物除去，洗衣机成了简单的搅拌机。在此基础上，通过对去污原理的进一步思考，又采用加热、加压、电磁振动、臭氧杀菌、超声波等技术创造出技术更先进、性能更优越的洗衣机。其中，超声波洗衣机是利用超声波产生的空穴现象和振动作用，以及在水中的气泡上产生的乱反射特性工作的。超声波振动时，振动和气泡相遇在衣物上，就会产生很强的水压，引起织物振动，达到分离织物上其他物质的目的，使之很快洗净。

（4）**分解性** 整体与部分是万事万物存在的两种相互联系的结构性状态。任何事物都是整体与部分的统一体。就一个特定事物的存在而言，它是一个整体，这一整体是由若干部分（要素、元素等）以一定的关系组合而成。把整体看作是若干部分组成，这就是对事物进行分解的过程。汽车底盘拆装过程中的拆，就是把"汽车底盘"这一整体分解为汽车行驶系统、转向系统、制动系统以及离合器、变速器、万向传动装置等"化整为零"的还原过程。分解是对一个事物认识的深入，是对其内在结构及其关系的理解和把握。许多儿童喜欢把玩具拆散，就是在好奇心的驱使下，试图了解部分的本能反应。

三、还原思维的方法

(1) 追根溯源的源头性还原 这是一种打破事物之间习惯性联系的思维局限，追根溯源，回到源头，从根本上解决问题的思维方式。

1945年2月，美军和日军在硫磺岛发生争夺战。由于日军地堡构筑在熔岩之下，明暗结合又坚固无比，这严重阻碍了美军向纵深推进。美军曾多次组织炮击和强攻都不能解决问题。一天，美军指挥官斯普鲁恩斯开会商量对付日军地堡群的方法。一位工程技术人员说："我们应抓住敌人的致命弱点，那就是地堡入口非常狭小，我们只要想办法堵死地堡入口，不就克敌制胜了吗？"斯普鲁恩斯听了点头称是。

第二天，美军停止了炮击，出动了无数辆由坦克改装的推土机冲向地堡。日军看了目瞪口呆，不明白这是什么新式武器。就在这时，坦克推土机运来大量快干水泥，把日军的近二百个地堡入口全部堵死。结果，日军看似不可攻破的地堡群，成了他们自筑的坟墓。

地堡阻挡了我们的进攻，炸掉它，就是我们在战斗影片中经常看到的场景，为此往往需要付出巨大的代价。但其实，地堡并不是阻止进攻的真正障碍，真正的障碍是地堡里的敌人。用还原思维的语言说，问题不在于地堡，而在于躲在地堡里利用地堡的敌人。找到地堡入口狭小这一弱点，用快干水泥把入口堵死，就避开了坚固的地堡，达到了消灭敌人的目的。这就是追根溯源的源头性还原思维方法。

(2) 意义追问的目的性还原 通常书本上介绍的连杆机构都是有转动副的机构。结构中采用转动副的目的是希望被连接的两构件做相对运动，这就是转动副存在的目的或意义。但能使两构件产生相对运动的结构形式并不是唯一的。当转角不大时，弹性关节同样具有和转动副相同的运动功能。采用这种结构形式，机构布局零件少、结构简单、工作时无须润滑、保养和维护费用低，同时这些产品可以一次成型，批量生产时制造成本低。这种结构在很多微型机械产品中得到广泛的应用。⊖

(3) 返璞归真的本质性还原 船舶通常用锚将自己定位在水面上，过去人们也创造了很多形式的锚，但不管什么锚都是沿着"用重物的重力拉住船只"的思考方向进行的。根据还原原理，人们发现锚的创造原点应该是"能够将船舶定位在水面上的一切物质与方法"。让船和岸保持相对静止状态是锚与船的本质联系，锚是利用重力原理反映和实现这一联系的，但不是唯一的联系形式，至少还有一种联系方式就是建立直接的联结。于是人们成功研制了完全新颖的冷冻锚。冷冻锚是一块约2平方米的特殊铁板，该铁板在通电1分钟后即可冻结在海底，冻结10分钟后连接力可达100万牛顿，起锚时只要通电很快便可解冻。因此，冷冻锚成为现代远洋船舶的一种新型锚。虽然仍然叫锚，但其实不是靠重力，而是靠冷冻实现船与水底的联结。

一、课堂训练内容

1. 利用头脑风暴法讨论影响汽车振动的因素。

⊖ 温兆麟，等. 创新思想的培养 [M]. 北京：清华大学出版社，2016.

2. 运用还原思维构思不同原理和结构的减振器。

二、作业和自我训练

1. 作业

1) 利用思维导图法画出汽车行驶系统的结构关系图。
2) 画出转向轮定位参数的示意图,并简述其作用。

2. 自我训练

1) 思考影响轮胎磨损的因素。
2) 汽车的哪些故障现象是由于车轮定位参数引起的?
3) 思考悬架的结构方案与参数对汽车性能的影响。
4) 运用还原思维思考轮胎的结构和参数对汽车动力性以及操作稳定性的影响。
5) 转向驱动桥在结构上有什么特点,其转向和驱动功能主要由哪些零部件完成?
6) 汽车悬架中的减振器与弹性元件为什么要并联安装?对减振器有什么要求?
7) 运用还原思维思考悬架对汽车操作稳定性的影响。
8) 运用还原思维思考为什么现代轿车广泛采用发动机前置前轮驱动的形式。
9) 思考各种形式的轮胎及其优缺点。
10) 思考车架的作用和结构特点。

第八章

汽车转向系统拆装与创新思维训练

第一节 汽车转向系统概述

一、汽车转向系统的功用和类型

汽车转向系统的功用是保证汽车能按照驾驶人的意志进行转向行驶。就轮式汽车而言，实现汽车转向的方法是驾驶人通过一套专门的机构，使汽车转向桥上的车轮相对于汽车纵轴线偏转一定角度。在汽车直线行驶时，转向轮往往也会受到路面侧向干扰力的作用，自动偏转而改变行驶方向。此时，驾驶人也可以利用这套机构使转向轮向相反的方向偏转，从而使汽车恢复原来的行驶方向。这一套用来改变或恢复汽车行驶方向的专设机构，称为汽车转向系统。**汽车转向系统按转向能源的不同，分为机械转向系统和动力转向系统两大类。**

机械转向系统以驾驶人的体力作为转向能源，其中所有传力件都是机械的。它主要由转向操纵机构、转向器和转向传动机构三大部分组成（参见图1-10）。

动力转向系统是兼用驾驶人体力和发动机的动力作为转向能源的转向系统。它是在机械转向系统的基础上加设一套转向加力装置而形成的，其组成和布置参见图1-11。

二、转向的运动规律

1. 理想的转向轮偏转角关系

汽车转向行驶时，为了避免轮胎磨损过快，减少路面对汽车行驶的附加阻力，**要求所有车轮都做纯滚动，即所有车轮的轴线交于一点，此交点 O 称为转向中心**，如图8-1所示。

由图8-1中的几何关系可知，汽车转向时内转向轮偏转角 β 应当大于外转向轮偏转角 α。在

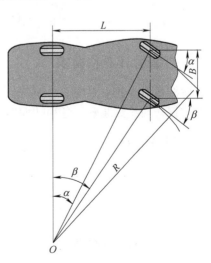

图8-1 双轴汽车理想的转向轮偏转角关系

车轮为绝对刚体的假设条件下，偏转角 α 和 β 的理想关系式为

$$\cot\alpha = \cot\beta + \frac{B}{L}$$

式中，B 为两侧主销轴线与地面交点之间的距离；L 为汽车轴距。

不过在实际情况下，由于设计制造等原因，汽车内、外侧转向角的关系只能大体上接近于理想关系。

由转向中心 O 到外转向轮与地面接触点的距离 R 称为汽车转弯半径。转弯半径越小，汽车的机动性越好。在图 8-1 所示的理想情况下，当外转向轮偏转角达到最大值 α_{max} 时，转弯半径最小。最小转弯半径 R_{min} 与 α_{max} 的关系为

$$R_{min} = \frac{L}{\sin\alpha_{max}}$$

2. 转向系统角传动比

转向盘转角增量与同侧转向节相应转角增量之比 i_ω 称为**转向系统角传动比**；转向盘的转角增量与相应的转向摇臂转角增量之比 $i_{\omega 1}$ 称为**转向器角传动比**；转向摇臂转角增量与转向盘所在一侧的转向节相应的转角增量之比 $i_{\omega 2}$ 称为**转向传动机构角传动比**。显然，$i_\omega = i_{\omega 1} i_{\omega 2}$。另外，两个转向轮所受到的转向阻力与驾驶人作用在转向盘上的作用力之比 i_p 称为**转向系统的力传动比，它与角传动比 i_ω 成正比**。

转向系统角传动比 i_ω 越大，则为了克服一定的地面转向阻力矩所需的转向盘上的转向力矩便越小，在转向盘直径一定时，驾驶人施加于转向盘的操纵力也越小，即操纵轻松。但 i_ω 过大，将导致转向操纵不够灵敏，即为了得到一定的转向轮偏转角，所需的转向盘转角过大。因此，**选取 i_ω 时应兼顾转向省力和转向灵敏的要求**。

由于一般汽车的转向传动机构角传动比 $i_{\omega 2}$ 的数值较小，大约为 1。$i_{\omega 2}$ 虽然会随转向节转角不同而有所变化，但变化幅度不大。而转向器角传动比 $i_{\omega 1}$ 相对较大，货车一般为 16~32，轿车为 12~20。因此，转向系统角传动比 i_ω 主要取决于转向器角传动比。

汽车的转向操纵性能并不完全取决于转向系统，还与汽车行驶系统有关。车轮的定位参数、悬架导向机构的结构和布置、轮胎的径向和侧向刚度等，都对汽车的转向操纵性有很大的影响。

第二节　转向器的拆装

一、拆装的目的和要求

1. 掌握机械式转向系统的主要零件名称、装配关系和动力传递路线。
2. 掌握转向操纵装置、各种转向器、转向传动机构的正确拆装方法。

二、设备器材

1. 桑塔纳 2000 实车、齿轮齿条式转向器、蜗杆曲柄指销式转向器、循环球式转向器、液压助力转向泵。
2. 常用和专用工具及拆装工作台。

三、动力转向器的结构简介与拆装

转向器是转向系统的减速传动装置。动力转向器是在机械转向器的基础上加设了一套转

第八章 汽车转向系统拆装与创新思维训练

向加力装置,而常见的机械转向器按传动副的结构形式分类,**有齿轮齿条式转向器、蜗杆曲柄指销式转向器和循环球式转向器**。动力转向器的结构与拆装以桑塔纳2000为例说明,它采用的是齿轮齿条式转向器。

1. **动力转向器的结构简介**

桑塔纳2000转向系统的结构如图8-2所示,主要由转向盘1、转向轴2、动力转向器10、左横拉杆9、右横拉杆11、转向臂3、转向助力泵5、转向油罐8和油管(4、6、7)等组成。

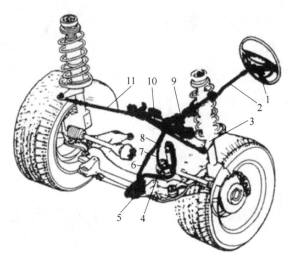

图 8-2 转向系统结构

1—转向盘 2—转向轴 3—转向臂 4—吸油管 5—转向助力泵 6—高压油管 7—低压油管
8—转向油罐 9—左横拉杆 10—动力转向器 11—右横拉杆

其中,齿轮齿条式转向器结构如图8-3所示。传动副为转向齿轮4与齿条2,转向齿轮连接转向轴1的安全联轴器5,齿条水平布置。齿条被弹簧和压块压在齿轮上,保证无间隙啮合,弹簧力可调。安全联轴节的功用是在汽车受到较大冲击时,安全联轴节脱开,防止驾驶人被挤伤。

工作时,驾驶人转动转向盘,通过转向轴、安全联轴节带动转向齿轮转动,齿轮使得齿条沿轴向移动,带动转向拉杆3移动,使两侧车轮偏转,实现转向。齿轮齿条式转向器的工作过程可利用手机扫描二维码8-1观看视频。

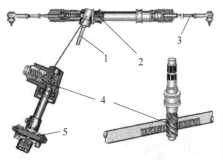

图 8-3 齿轮齿条式转向器

1—转向轴 2—齿条 3—转向拉杆
4—转向齿轮 5—安全联轴器

二维码 8-1

2. **动力转向器的随车拆装**

1)拆下驾驶人侧的杂物箱护板,如图8-4箭头所示。

2)转向盘放在中间位置,如图8-5箭头位置所示,旋下柔性万向节的紧固螺栓,柔性万向节紧固螺栓的拧紧力矩为30N·m。

3)如图8-6箭头所示,旋下转向器齿条与支架的两个固定螺栓,其拧紧力矩

135

为45N·m。

4）用软管夹紧器夹住进油管和出油管，如图8-7所示。

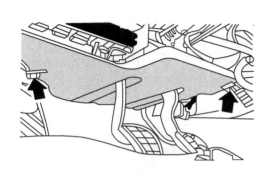

图8-4 拆卸驾驶人侧杂物箱护板

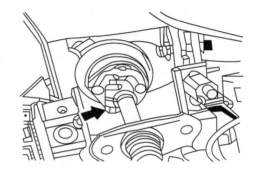

图8-5 旋下柔性万向节的紧固螺栓

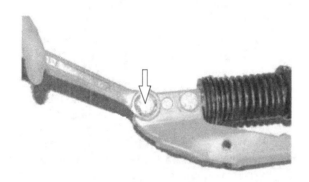

图8-6 旋下固定螺栓

5）将废油盘放在汽车下面，从转向器上拆除回油软管和压力软管，如图8-8所示，左侧箭头处的回油软管上空心螺栓的拧紧力矩为30N·m，右侧箭头处的压力软管上空心螺栓的拧紧力矩为40N·m。

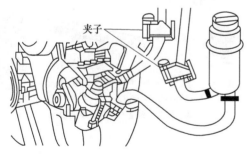

图8-7 夹住进油管和出油管

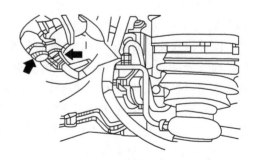

图8-8 拆除回油软管和压力软管

6）旋下转向器壳与串线板上的两个固定螺母，如图8-9箭头位置所示，其拧紧力矩为35N·m。

第八章 汽车转向系统拆装与创新思维训练

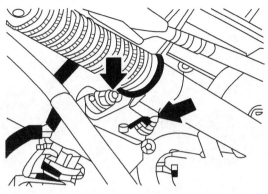

图 8-9 旋下转向器壳与串线板上的两个固定螺母

7）拆下车轮，旋下转向器壳与车身上的两个固定螺母，从右轮罩侧取出转向器，如图 8-10 所示。

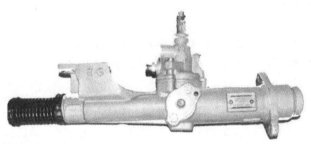

图 8-10 取出转向器

8）重新装配时，按拆卸的相反顺序进行。

3. 齿轮齿条式转向器的拆装

拆装前，先播放齿轮齿条式转向器的拆装视频，或利用手机扫描二维码 8-2 观看拆装过程，掌握其正确的拆装方法。

1）松开转向器防尘罩夹箍，取下防尘护套，如图 8-11 所示。

二维码 8-2

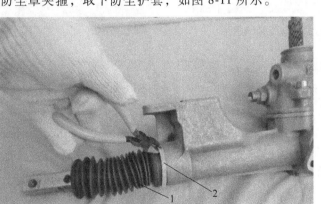

图 8-11 拆卸防尘罩
1—防尘罩 2—夹箍

2）用 17mm 的内六角扳手拆下转向器挡圈，如图 8-12 所示。

3）取下挡圈及 O 形密封圈，如图 8-13 所示。

137

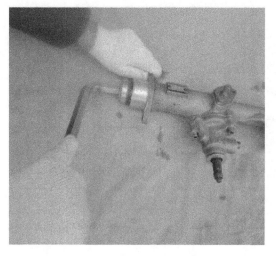

图 8-12 拆卸转向器挡圈

图 8-13 取下挡圈组件

4）用 13mm 的呆扳手松开 2 个 M8 的转向阀紧固盖板螺栓，如图 8-14 所示。

5）取下盖板及调整螺钉、顶塞、弹簧和顶柱，如图 8-15 所示。

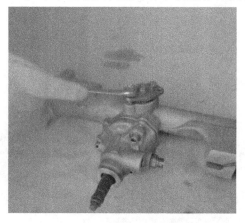

图 8-14 拆卸转向阀紧固螺栓

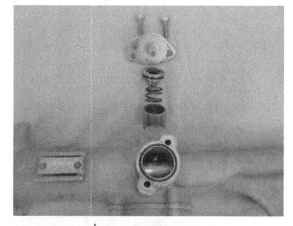

图 8-15 拆卸调整螺钉

6）用 6mm 的内六角扳手旋下 3 个 M8 的转向阀罩紧固螺栓，取出转向阀罩，如图 8-16 所示。

7）拆卸转向阀和转向齿轮，如图 8-17 所示。

8）边旋转边拉出齿条，如图 8-18 所示。

9）重新装配时，按拆卸相反的顺序进行，O 形密封圈应予更换。

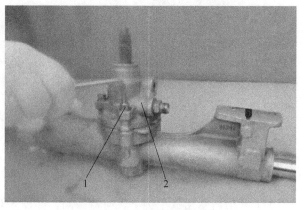

图 8-16 拆卸转向阀罩
1—紧固螺栓 2—转向阀罩

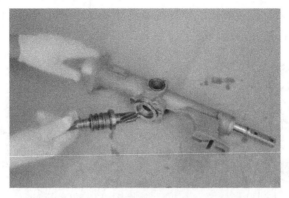

图 8-17 拆卸转向齿轮

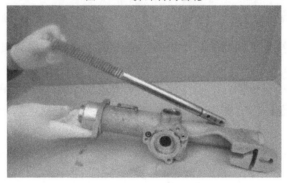

图 8-18 拆卸齿条

4. 转向助力泵随车拆装

转向助力泵的结构分解如图 8-19 所示，拆装的主要步骤如下：

1）按箭头方向转动张紧轮，以放松传动带上的张紧力，如图 8-20 所示。

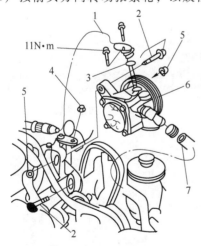

图 8-19 转向助力泵分解图
1—出油软管　2—转向助力泵安装螺栓
3—O 形密封圈　4—调节螺柱
5—转向助力泵安装螺母
6—转向助力泵　7—进油软管

图 8-20 转动张紧轮

2）拆下转向助力泵的传动带轮，螺栓拧紧力矩为25N·m，如图8-21所示。

3）用软管夹夹住进油和出油软管，如图8-22所示。

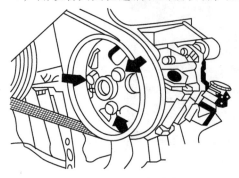

图8-21 拆卸传动带轮

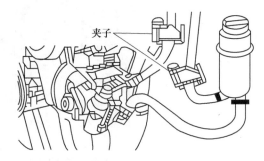

图8-22 夹住进油和出油软管

4）将废油盘放在汽车下面，松开转向助力泵上的进油软管夹，拔出进油管，如图8-23所示。

5）拆下高压油管的出油管，空心螺栓的拧紧力矩为50N·m，如图8-24所示。

6）拆下转向助力泵的固定螺栓，如图8-25箭头处所示，取下转向助力泵，螺栓拧紧力矩为20N·m。

7）将转向助力泵固定在台虎钳上，拆卸滑轮和中间支架，螺栓拧紧力矩为25N·m，如图8-26所示。

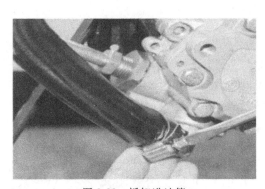

图8-23 拆卸进油管

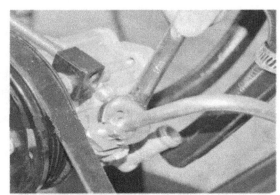

图8-24 拆卸出油管

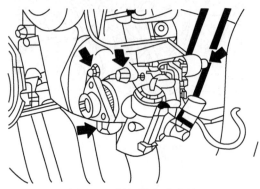

图8-25 拆卸转向助力泵

图8-26 拆卸滑轮和中间支架

第八章 汽车转向系统拆装与创新思维训练

8）拆卸转向助力泵盖,拆卸时要按对角、分次拧松螺栓,转向助力泵侧盖螺栓拧紧力矩为 20N·m,如图 8-27 所示。

9）取出阀芯和阀套,如图 8-28 所示,检查叶片运动情况,另外,装配时 O 形密封圈应予更换。

图 8-27 拆卸转向助力泵盖　　　　　图 8-28 取出阀芯和阀套

10）检查壳体有无裂纹、扭力杆是否损伤,如图 8-29 所示。

11）装配时按照拆卸的相反顺序进行。先用 20N·m 力矩拧紧转向助力泵侧盖螺栓,通过进油管,使液压油充满转向助力泵。然后用 50N·m 力矩拧紧出油管的空心螺栓,用 25N·m 力矩拧紧水泵/转向助力泵的传动带上的内六角螺栓。再进行 ATF（自动变速器油）的加注及空气排放,调整转向助力泵传动带的张紧度。

图 8-29 检查壳体

四、机械转向器的结构简介与拆装

1. 蜗杆曲柄指销式转向器的结构简介与拆装

（1）**蜗杆曲柄指销式转向器的结构简介**　蜗杆曲柄指销式转向器的传动副是蜗杆和指销。根据指销数目不同,蜗杆曲柄指销式转向器可分为单销式和双销式两种,结构如图 8-30 所示。

转向蜗杆具有梯形螺纹,通过两个滚动轴承支在壳体内,并装有调整螺塞用以调整轴承的预紧度。蜗杆与指销相啮合,指销采用双列圆锥滚子轴承支承在转向摇臂轴的曲柄上。轴承无内座圈,轴承滚子直接与销颈接触。滚子轴承套装在指销上可以减轻蜗杆和指销的磨损,并提高传动效率,使转向轻便。

转向蜗杆转动时,与之啮合的指销绕转向摇臂轴轴线做圆弧运动,带动转向摇臂轴转动,并通过转向传动机构使汽车转向轮偏转,实现汽车转向。蜗杆曲柄指销式转向器的工作过程可利用手机扫描二维码 8-3 观看视频。

（2）**蜗杆曲柄指销式转向器的拆装**　拆装前,先播放蜗杆曲柄指销式转向器的

二维码 8-3

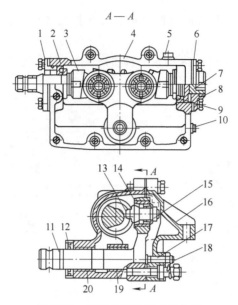

图 8-30 蜗杆曲柄指销式转向器

1—上盖 2、9—滚子轴承 3—转向蜗杆 4—壳体
5—加油螺栓 6—下盖 7—调整螺栓 8、15、18—螺母
10—放油螺塞 11—摇臂轴 12—油封 13—指销
14—双列圆锥滚子轴承 16—侧盖 17—调整螺钉 19、20—衬套

二维码 8-4

拆装视频,或利用手机扫描二维码 8-4 观看拆装过程,掌握其正确的拆装方法。蜗杆曲柄指销式转向器的分解图如图 8-31 所示,拆装的主要步骤如下:

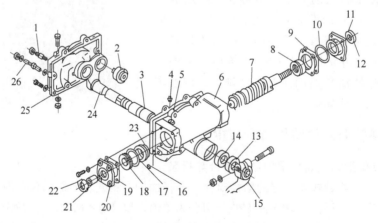

图 8-31 蜗杆曲柄指销式转向器的分解图

1—调整螺钉 2、8、17—轴承 3—转向摇臂轴衬套 4、26—螺塞
5、19—衬垫 6—壳体 7—转向蜗杆 9—调整垫片 10、13、23—密封圈
11—上盖 12、14—油封 15—转向摇臂 16—放油螺塞 18—蜗杆轴承垫块 20—下盖
21—转向蜗杆轴承调整螺塞 22—螺母 24—转向摇臂轴 25—侧盖

1) 拆下放油螺塞,放出润滑油后再装回螺塞。
2) 拧下侧盖和壳体的固定螺栓,取下侧盖和衬垫,取出转向臂及指销组合件。
3) 拧下下盖与壳体的紧固螺栓,依次取出下盖及调整螺塞组合件、衬垫、蜗杆下轴承垫块及密封圈，蜗杆轴承的外圈，如图 8-32 所示。

4）拧出上盖与壳体的紧固螺栓，取出蜗杆及支承轴等组合件。再依次取出上轴承盖及油封、密封圈组件、调整垫片、上轴承的外圈，如图 8-33 所示。

5）清洗并检查各零件及结合体，注意橡胶件不能用油清洗。

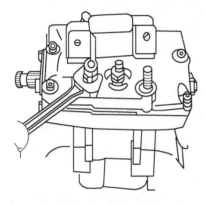

图 8-32 拆卸双头螺柱

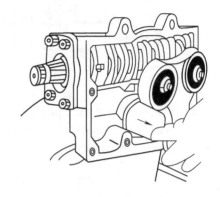

图 8-33 取出摇臂轴

6）装配时按照拆卸的相反顺序进行。在装配前先旋松下盖和侧盖上的调整螺塞，各密封垫处涂抹密封胶。

7）按拆卸的相反顺序装配转向器。

8）上盖与壳体间的调整垫片，用来调整蜗杆轴在座中的支承刚度和轴线的对中性，出厂时已调整完毕，一般不得随意调整或调换厚薄片的叠合位置。组装前应仔细擦洗干净，核对数量和叠合位置后再进行组装。

9）组装后应先调整蜗杆支承刚度，方法是：用内六角扳手将下盖的调整螺塞拧到底，再退回 1/8~1/4 圈，用 50N·m 力矩拧紧其外面的锁止螺母。调整后，用手转动、推拉蜗杆应灵活自如，且无轴向间隙感，蜗杆支承刚度为合适。

10）然后再调整啮合副啮合间隙，方法是：先使啮合副处于蜗杆中间位置啮合（蜗杆由一端转到另一端所转总圈数的 1/2），拧动侧盖上的调整螺塞并继续拧，直到使蜗杆转动有一点阻力为止，再将调整螺塞回旋 1/8~1/4 圈。从转向摇臂轴一端推拉摇臂轴，应无明显间隙感，且转动蜗杆仍灵活自如为合适，最后拧紧其外边的锁紧螺母。

11）装配后适量加注合适的润滑油。

2. 循环球式转向器的结构简介与拆装

（1）**循环球式转向器的结构简介** 循环球式转向器以解放 CA1091 型汽车为例说明，结构如图 8-34 所示。循环球式转向器具有两级传动副，第一级是螺杆螺母传动副，第二级一般是齿条齿扇传动副。转向螺母松套在螺杆上，两者配合构成圆形截面的螺旋形通道。螺母侧面有两对通孔，与螺母外的钢球导管构成两条管状的封闭循环通道，实现螺杆和螺母间的滚动摩擦。

转向时，转动转向螺杆，通过钢球把力传递给螺母，螺母沿轴线移动。在摩擦力作用下，所有钢球在螺母与螺杆之间形成球流。钢球在螺母内绕行两周后，流出螺母进入导管，再由导管流回螺母通道，两列钢球在各自独立的轨道内循环。螺母外表面有齿条，与其啮合的是齿扇。转动螺杆，螺母随之轴向移动，通过齿条、齿扇使转向摇臂轴转动。循环球式转

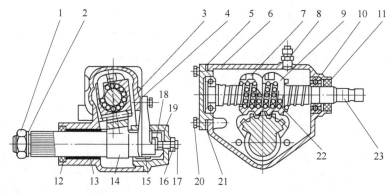

图 8-34 解放 CA1091 型汽车的循环球式转向器

1—螺母 2—弹簧垫圈 3—转向螺母 4—垫片 5—底盖 6—转向器壳体 7—导管夹
8—加油螺塞 9—钢球导管 10—球轴承 11、12—油封 13、15—滚针轴承 14—摇臂轴
16—锁紧螺母 17—调整螺钉 18、21—调整垫片 19—侧盖 20—螺钉 22—钢球 23—转向螺杆

二维码 8-5

二维码 8-6

向器的工作过程可利用手机扫描二维码 8-5 观看视频。

（2）循环球式转向器的拆装　拆装前，先播放循环球式转向器的拆装视频，或利用手机扫描二维码 8-6 观看拆装过程，掌握其正确的拆装方法。循环球式转向器的分解图如图 8-35 所示，拆装的主要步骤如下：

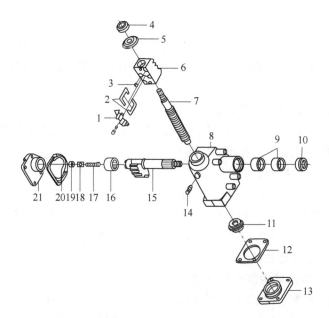

图 8-35 循环球式转向器的分解图

1—导管夹 2—钢球导管 3—钢球 4、10—油封 5、11—轴承
6—转向螺母 7—转向螺杆 8—壳体 9、16—滚针轴承 12、20—密封垫
13—底盖 14—通气塞 15—转向摇臂轴 17—调整螺钉 18—垫圈 19—调整螺母 21—侧盖

1）将转向器通气塞拧下，放出转向器内的润滑油。

2）将转向摇臂轴转到中间位置，即将转向螺杆转到底后再返回 3~5 圈。

3）拧下转向器侧盖的固定螺栓，拆下侧盖和转向摇臂轴总成，如图 8-36 所示。

4）拧下转向器底盖紧固螺栓，取下底盖和调整垫片，如图 8-37 所示。

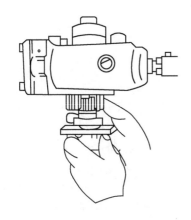

图 8-36　拆下侧盖和转向摇臂轴总成

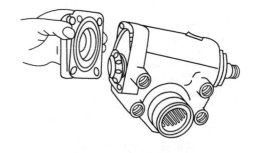

图 8-37　拆下转向器底盖

5）从壳体中取出转向螺杆及转向螺母总成，如图 8-38 所示。

6）分解转向螺杆螺母：先拆下固定导管夹螺钉，再拆下导管夹，取出导管，最后握住螺母，慢慢地转动螺杆，排出全部钢球，如图 8-39 所示。

7）清洗并检查各零部件，注意橡胶件不能用油清洗。

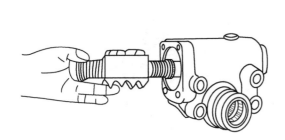

图 8-38　拆下转向螺杆及转向螺母总成

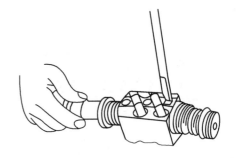

图 8-39　螺母与螺杆的分解

8）装配时，按照拆卸的相反顺序进行。先进行转向螺杆螺母总成的装配，具体装配步骤如下。

①将转向螺母套在螺杆上，再把转向螺母放在螺杆滚道的一端，并使螺母滚道孔对准滚道。

②将钢球由转向螺母滚道孔放入，边转螺杆边放入钢球（两边可同时进行），如图 8-40 所示。每个滚道放入 36 个钢球，其余 24 个装于两个导管内，如图 8-41 所示。在导管两端涂抹少量润滑脂，插入转向螺母导管孔中，然后用木锤轻轻敲打导管，使其到位，如图 8-42 所示。

③用导管夹把导管压在转向螺母上，并用 3 个螺钉紧固，使装复后的螺杆螺母总成处于垂直位置时，目测螺母应能从螺杆上端自由、匀速落下，如图 8-43 所示。

④将轴承内圈压到螺杆两端。

9）转向螺母螺杆总成与壳体的装配步骤如下。

① 将轴承外圈压入底盖和壳体内。

② 把装好轴承内圈的螺杆螺母总成放入装有轴承外圈的壳体中，再装上底盖及调整垫片，对称拧紧两个底盖固定螺栓。

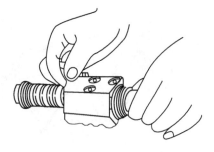

图 8-40　将钢球装入滚道

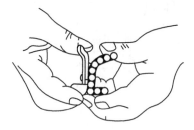

图 8-41　将钢球装在导管内

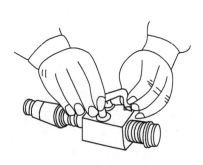

图 8-42　将导管插入螺母

图 8-43　螺母从螺杆上匀速落下

③ 螺杆应转动自如，无轴向间隙，否则应增减垫片予以调整。

④ 最后拧下两个螺栓，取下底盖，在垫片上涂抹密封胶，并套上 O 形密封圈，装上底盖，对称拧紧底盖固定螺栓，如图 8-44 所示。

10）转向摇臂轴的装配步骤如下。

① 首先装入齿扇与转向螺母齿条啮合间隙的调整螺钉。

② 将转向摇臂轴放入壳体的对应位置，注意把转向螺母放在转向螺杆滚道的中间位置，并把转向摇臂轴齿扇对准转向螺母齿条的中间齿沟，再把转向摇臂轴推进装有滚针轴承的壳体中，然后装上侧盖及密封垫，对称拧紧固定螺栓，如图 8-45 所示。

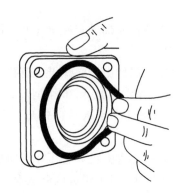

图 8-44　装配垫片及 O 形密封圈

③ 装入转向螺杆油封及转向摇臂轴油封，如图 8-46 所示。

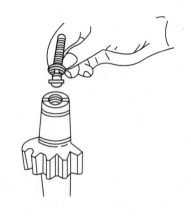

图 8-45　安装调整螺钉

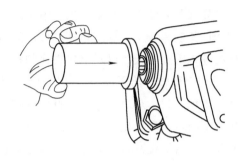

图 8-46　安装油封

④ 调整转向摇臂轴齿扇与转向螺母齿条的啮合间隙后，拧紧锁紧螺母将调整螺钉锁住。
⑤ 按规定从加油孔加入新润滑油。

创新思维

系统思维

一、系统思维的概念

系统是由两个或两个以上的元素相结合的有机整体，系统的整体不等于其局部的简单相加。系统思维是在考虑解决某一问题时，不是把它看作一个孤立、分割的问题来处理，而是当作一个有机关联的系统来处理，从系统与要素、要素与要素、系统与环境的相互联系、相互作用中综合地考察认识对象的一种思维方法。

二、系统思维的特征

（1）**整体性**　系统本身就是一个由若干要素或子系统组成的有机整体，同时，系统自身也作为一个要素或子系统存在于更大的系统之中。整体观念是系统思维的一个基本观念，也是其首要观念。它把研究对象视为有机整体，探索其组成、结构、功能及运动变化的规律性。它要求我们无论是认识、研究、控制自然对象，还是设计制造人工系统，都必须从系统的整体出发，探索系统内外环境中和内外环境间的辩证关系。

整体性对于任何一个系统来说，都是相对稳固的本质特征。我们身体的细胞大约每隔七年就要全部更换一遍，但我们依然故我；保持这同一性的因素不是细胞和个人，而是身体的整体性。可见，相对于部分，整体居于主导地位。整体具有部分没有的功能；部分在事物的发展过程中处于被支配的地位，部分服从和服务于整体。

整体思维是中国文化区别于西方文化的一个鲜明特色。中国最早的典籍《易经》形成了八卦、六十四卦、五行相生相克等整体结构模式，这些模式反映了人类社会乃至自然界的一切事物的共同性。宇宙整体和作为整体的具体事物具有统一的结构，遵从相同的演化法则，并由此导出天地一理，万物一体，宇宙全息的结论。以《易经》规律为源头的中华传统的世界观和方法论，包含了对立统一、阴阳互根、阳逆阴顺、此消彼长、物极必反等规律，和这些规律数千年沉淀和积累形成的自强不息、厚德载物、居安思危、乐天知足等中华文化的基本精神特征，以及中华文化的核心和精髓——和谐意识。

（2）**前瞻性** 前面说的整体思维是系统思维在空间上的体现，如果从时间上看，系统思维就表现为长远观念或富有远见。事物在空间中的发展必然伴随着时间上的延续，呈现出事物的不断运动和变化。长远观念就是为了超越事物发展的眼前的暂时状态，以看到将要发生的变化。俗话说，人无远虑，必有近忧；不谋万世者不足以谋一时。系统思维要求我们站高些，看远些。我们都知道，世界万物都有其自身运动发展的规律，这个规律要在一定的时间长度里才能相对完整地展示出来。比如，从自然角度看，一天的日出日落，一月的月亏月盈，一年的春夏秋冬和中国的二十四节气等，以及在地质学和考古学中使用的地质年代等。从社会角度看，从古代社会、近代社会、现代社会乃至后现代社会，经历了奴隶社会、封建社会、资本主义社会和社会主义社会等历史阶段和社会形态（马克思主义的观点），其经济、文化和社会形态及发展水平都有不同的特征；从生产工具看，人类社会经历了石器时代、青铜器时代、铁器时代、蒸汽时代、电气时代、信息时代、数字化时代⊖等；从人类自身的发展看，经历了蒙昧时期、野蛮时期和文明时期；从人的个体生命发展的阶段看，从婴幼儿到童年、少年、青年、中年到老年等。事物发展的不同时期或阶段一方面有其不同的功能或特点，同时有着前后相继的连续性。前瞻性是认识和把握事物发展的阶段性和连续性规律的客观要求。由于不同事物的发展周期不同，实现一个循环运动的时间长度也就不同。比如，气候变化（春夏秋冬）的周期是一年，月亏月盈的周期是一月，地球自转造成的日出日落、昼夜交替的周期是一天，人的生命周期一般为百年，大学生活一般为3~5年等。前瞻性就是要和认识对象运动变化的周期相适应、相吻合，克服时间上的暂时性和局限性，以认识和把握事物发展的全过程。

（3）**层次性** 层级或层次是事物存在的又一个基本形态。系统都是由不同层级的元素构成的。系统的层次性是指由于组成系统的诸要素的种种差异而使得系统组织在地位与作用、结构与功能上表现出等级秩序性，形成了具有质的差异的系统等级，即形成了统一系统中的等级差异性。比如，人类生活的地球是太阳系的组成部分，是八大行星中的一个行星。八大行星围绕着太阳做公转运动，同时自身又在做自转运动。八大行星之间及与太阳之间由于引力和斥力的作用相互保持着适当的距离，形成相对稳定的关系。除了水星和金星外，其他行星还有自己的卫星。从恒星到行星再到卫星，就呈现出太阳系这一大系统的层次性。

⊖ 微软大中华区副总裁、市场营销及运营总经理、物联网事业负责人康荣在微软的官方微信上发表的一篇文章中认为，工业革命有四次，第一次是蒸汽机，第二次是电，第三次是信息，而我们现在正在经历第四次，就是数字化转型。这一转型有四个大趋势，分别是云服务、大数据、社群以及人工智能。

第八章 汽车转向系统拆装与创新思维训练

从地球自身看,地球本身在生态、形态、结构、功能等方面也都表现出层次性。就生态而言,生态就是一个系统,指由生物群落与无机环境构成的统一整体。生态系统的范围可大可小,相互交错,最大的生态系统是生物圈,最为复杂的生态系统是热带雨林生态系统,人类主要生活在以城市和农田为主的人工生态系统中。生态系统是开放系统,为了维系自身的稳定,生态系统需要不断输入能量,许多基础物质在生态系统中不断循环。比如,能量在生态系统中的流动和循环,也就是生态系统中能量输入、传递、转化和丧失的过程。能量流动是生态系统的重要功能,在生态系统中,生物与环境、生物与生物间的密切联系,可以通过能量流动来实现。生态系统的能量来自太阳能,太阳能以光能的形式被生产者固定下来后,就开始了在生态系统中的传递,能量在生态系统中的传递是不可逆的,而且逐级递减,传递效率为10%~20%。能量传递的主要途径是食物链与食物网,这构成了营养关系,传递到每个营养级时,同化能量的去向为:未利用(用于今后繁殖、生长)、代谢消耗(呼吸作用,排泄)、被下一营养级利用(最高营养级除外)。生态系统中,生产者与消费者通过捕食、寄生等关系构成的相互联系称作食物链;多条食物链相互交错就形成了食物网。食物链(网)是生态系统中能量传递的重要形式。其中,生产者被称为第一营养级,初级消费者被称为第二营养级,以此类推。由于能量有限,一条食物链的营养级一般不超过6个。比如,草本植物及其果实是食物或能量的生产者,为第一营养级,食草果动物如兔子、老鼠等初级消费者为第二营养级,食兔子与老鼠的狐狸、蛇为第三营养级,吃狐狸与蛇的猞猁、鹰为第四营养级等。

系统层次性的思想还导致了一个专门学科——分类学的产生。分类学是一种分门别类的科学,如生物分类学、动物分类学、植物分类学、图书分类学、学科分类学等。通常分类与分层是联系在一起的。对事物进行连续地、深入地分类,表明人类对该事物认识的深化,形成作为人类认识成果的知识谱系。比如,生物分类主要是根据生物的相似程度,包括形态结构和生理功能等,把生物划分为种和属等不同的等级,并对每一类群的形态结构和生理功能等特征进行科学的描述,以弄清不同类群之间的亲缘关系和进化关系。

生物分类系统是阶元系统,通常包括七个主要级别:种、属、科、目、纲、门、界。种(物种)是基本单元,近缘的种归合为属,近缘的属归合为科,科隶于目,目隶于纲,纲隶于门,门隶于界。生物分类由低到高的第一层分为原核生物界、原生生物界、真菌界、植物界、动物界。动物界作为动物分类中最高级的阶元,已发现的共35门70余纲约350目,150多万种。

(4)**结构性** 系统的结构性指系统内部各要素之间相互联系、相互作用的方式,它包括要素之间一定的比例、秩序和结合方式。系统结构一般分为时间结构、空间结构、时空统一结构和功能结构。系统的性质和功能主要取决于组成系统的要素和要素之间的结构。在要素一定的前提下,有什么样的结构就有什么样的功能。

金刚石与石墨在硬度和导电性等物理性质方面有很大的不同,但它们都是由碳元素组成,是碳的同素异形体。金刚石中的碳原子是正四面体结构,硬度很大;石墨中的碳原子是正六边形结构,并且形成层状,硬度较小。

自然界中的物质结构是如此,人和社会也是如此。

每个人都有自己的个性和专长,在一个组织或团队中,为了完成特定的任务,就需要有相应专长的人组织在一起,以实现功能互补以及组织或团队效能的最大化。我国古代就非常重视用人的艺术,最典型的案例就是汉高祖刘邦。相传高祖在总结其战胜项羽的原因时说,论出谋划策我不如张良，论带兵打仗我不如韩信，论安邦治国我不如萧何，这三个人都是人中之杰，我因为能够用他们才能够成功；而项羽虽有范曾，却不能为己所用，所以失败。

"三个臭皮匠，顶个诸葛亮"，这就是因结构优化产生的 1+1>2 的整体效能；相反，"三个和尚没水吃"，则是由于没有形成合理的结构，不是相互配合，相互合作，而是相互推托，相互消磨，就出现了 1+1<2 的负效能。

世界发达国家从工业经济到知识经济的变革中，人才系统的结构也是不断变化的。技能型人才与普通劳动者在结构比例上的一升一降，促成了美国经济的不断高速发展。而我国前些年忽视了各类人才培养的合理结构，盲目追求知识型、高学历，忽视了职业型、应用型人才的培养，结果导致大量研究生、本科生就业困难或降格求职，而用人单位的许多岗位却招不到人，即较为普遍的"有人无工作，有工作无人做"的人才供求结构性矛盾。

结构观念与综合观念是联系在一起的。要素互补或结构优化都是一种组合或综合。结构观念强调组合或综合不是元素数量的简单相加，而是不同属性元素的有机组合，其中每一个元素都是不可缺少的，都在系统中发挥特定的作用。综合观念强调的是整体的协作，以克服个体在能量和能力上的局限性。

（5）**目标一致性**　这是系统存在的前提或目的。一个系统之所以成为一个系统，从根本上说，就是因为该系统有着自己的目标诉求和相应的功能定位。比如，一个国家的目标就是实现长治久安，为此就要发展经济、文化、教育、科技等社会事业。一个企业的目标就是利润和效益的不断增长，为此就要加强管理，优化人力、物力和财力的配置，加快新技术的开发与应用等。一所学校的根本目标就是立德树人，培养人才，为此，需要加强教师队伍和办学条件与环境的建设。一个班级的根本目标就是为全班同学提供相互学习和帮助的平台和机会，为每位同学创造成长成才的良好环境和条件。共同目标是一个系统的核心和灵魂，决定和支配着系统的要素构成、相互关系和运行方式。

系统的总目标是通过分解到系统内部的各个要素或子系统中的子目标实现的。一个组织内部的各部门、各岗位都有自己的职责与目标，这些目标与组织的总目标应该是一致的。各部门、各岗位应该是在为实现组织总目标的任务中相互配合、相互协同的。但在现实生活中，由于受到各种条件的限制，包括人的觉悟、认知和实践水平的限制，受到各种干扰或诱惑，在有些单位和组织，出现了部门与部门之间不是相互配合和协同，而是各自为政，相互推诿；在局部与整体之间，不是以大局为重，局部服从整体，而是搞本位主义，山头主义，拥兵自重，自行其是。缺少共同目标或目标不一致的组织迟早是要解体的。

三、系统思维的方法

（1）**整体协同法**　这是系统思维的整体性特征在创新思维中的运用。整体协同是在处理整体与部分之间关系时强调部分服从、服务于整体的观念和方法。实践中处理这一关系有两个常见的立场和视角，一是整体的立场和视角，如社会活动中一个单位或组织的领导者、管理者。整体协同就是要围绕组织的总目标，依据既分工又合作，"事事有人做，人人有事做"，人尽其才，物尽其用等原则，科学地设置和配置组织内部各机构、部门的职责和资源，设计顺畅、高效的运行机制，并及时发现和解决运行中出现的问题。另一个立场和视角就是整体中的部分，如社会活动中一个组织的内部机构、部门直至员工个人。整体协同就要求遵守角色规范，履行好自己在组织中的职责，特别是在部门（个人）的愿望或利益与整体发生矛盾冲突时，要以大局为重。这些都是应然要求，真正做到这一点并不容易。每个角色都有其内在的自然的角色冲动，比如，领导者管理者的角色容易产生用整体性要求束缚、限制局部特殊性的冲动，相反，局部或个人则容易产生摆脱整体束缚，追求局部利益最大化和个性自由的冲动。在这个意义上，整体协同的方法其实不是一般地要求局部服从整体，个人服从组织，而是通过兼顾和平衡，实现相互促进，共同发展。整体协同作为系统思维的一个方法，重点不是整体，而是协同。这里的整体不是局部或个人对应的单位或组织，而是包含着局部和个人在内的整体。

（2）**登高望远法** 这个方法说起来很简单，就是不断地让自己走向更高处，以看到更广阔的世界和更遥远的未来。对大学生来说，这里的登高是指随着知识和见识的增长，眼界越来越宽，目光越来越远，胸怀越来越广；越来越能够摆脱"井底之蛙"的狭隘、"拔苗助长"的浮躁、"应试性学习"的短浅、"敲门砖"式的应急；因而越来越能够以坚定的信念、扎实的学风、平和的心态勤奋学习，刻苦锻炼，从而在知识、能力和品格等方面得到全面发展。

（3）**结构优化法** 结构是一个系统内部要素的构成方式。结构因其与系统功能的匹配程度不同而有合理与不合理之分。结构的优化就是通过结构的改造或重组使其由不合理到更为合理，从而提高与系统功能的匹配度。比如，关于"三个和尚没水吃"的问题就是典型的结构问题。没水吃是因为三个和尚之间没有进行分工合作和劳动交换，只要建立公平合理的值日制度就能解决这一问题。比如，每天或每周轮流由两个和尚抬水，另一个和尚挑水，依次循环，这其实就是结构优化的方法。

（4）**目标凝聚法** 一个系统如何能够成为结构合理，紧密联系，相互协同的有机整体？其中一个重要的条件或方法就是要找到共同目标或愿景。比如，一所学校，一个班级，如果没有共同的目标，就必然是各自为政，各行其是，或一盘散沙，或貌合神离。只有共同的目标或愿景才能够把人心凝聚起来，心往一处想，劲往一处使，朝着一个共同的方向，凝心聚力，同心同德，才能产生无坚不摧的力量。

一、课堂训练内容

1. 利用头脑风暴法讨论在转向器中实现转向力矩传递的方法。
2. 讨论影响汽车转向性能的因素。

二、作业和自我训练

1. 作业

1）利用思维导图法画出汽车动力转向系统零件的结构关系图。
2）利用系统思维的方法思考影响转向盘自由行程的因素有哪些。

2. 自我训练

1）利用系统思维的方法思考实现汽车转向的方法。
2）利用系统思维的方法思考保证汽车两侧转向轮偏转角之间转向规律的方法有哪些。
3）不同类型的车辆对转向器逆效率的要求有什么不同？为满足转向省力和转向灵敏的

要求，可以采取哪些措施？

4）利用思维导图法绘出机械转向系统的主要组成部分。

5）动力转向系统是如何分类的？它们的特点有哪些？

6）汽车转向系统中一般采取哪些安装防护措施防止驾驶人员受到伤害？

7）动力转向器的控制阀有哪些形式？工作原理是什么？

8）思考转向盘自由行程的大小对汽车转向操纵的影响。

第九章

汽车制动系统拆装与创新思维训练

第一节 汽车制动系统概述

一、汽车制动系统的功用和组成

为了在技术上保证汽车的安全行驶，使汽车在行驶中减速或停车，下坡时速度保持稳定，以及使停驶的汽车保持不动，必须在汽车上装设一系列专门装置，以便驾驶人能根据道路和交通等情况，强制地对汽车施加一个与行驶方向相反的力。这个可控制的、对汽车进行制动的外力，称为制动力，产生制动力的专门装置称为汽车制动系统。**一般汽车制动系统是由制动器和制动驱动机构组成的**，典型的制动系统组成参见图1-12，制动系统工作原理可利用手机扫描二维码9-1观看视频。

二维码9-1

二、汽车制动器的类型

制动器是制动系统中产生阻碍车辆运动或运动趋势的力的部件。一般制动器都是通过其中的固定元件对旋转元件施加制动力矩，使旋转元件的角速度降低，并依靠车轮与路面的附着作用，产生路面对车轮的制动力以便汽车减速。**这种利用固定元件与旋转元件工作表面的摩擦而产生制动力矩的制动器，称为摩擦制动器。**

汽车所用的摩擦制动器分为鼓式和盘式两大类。鼓式制动器的旋转元件为制动鼓，其工作表面为圆柱面；盘式制动器的旋转元件为制动盘，工作表面为圆盘端面。

旋转元件固装在车轮或半轴上，制动力矩直接作用在两侧车轮上的制动器称为车轮制动器。旋转元件固装在传动系统的传动轴上，其制动力矩须经过驱动桥再分配到两侧车轮上的制动器称为中央制动器。车轮制动器一般用于行车制动，也有兼用作应急制动和驻车制动的。中央制动器一般只用于驻车制动和缓速制动。

1. 鼓式制动器的类型

鼓式制动器有内张型和外束型两种。前者以制动鼓的内表面为工作面，广泛应用于行车制动；后者以制动鼓的外表面为工作面，只用于驻车制动。

鼓式制动器根据促动装置的不同，可分为轮缸式制动器、凸轮式制动器和楔式制动器，分别采用液压制动轮缸、凸轮和楔块作为促动装置。其中轮缸式制动器根据结构与工作特点

153

不同，又分为领从蹄式、双领蹄式、双从蹄式和自增力式制动器。

2. 盘式制动器的类型

盘式制动器根据固定元件的结构形式不同，可分为钳盘式制动器和全盘式制动器两类。全盘式制动器的制动盘整个端面全部与固定元件摩擦片接触，目前有少数汽车将其用作车轮制动器。而钳盘式制动器的制动盘端面与面积不大的固定元件摩擦块接触，摩擦块与其金属背板组成2~4个制动块。这些制动块及其促动装置都装在横跨制动盘两侧的钳形支架中，总称为制动钳。根据制动时制动钳运动方式不同，钳盘式制动器又分为定钳盘式制动器和浮钳盘式制动器两类。

3. 带驻车制动的盘式制动器

带驻车制动的盘式制动器分为在盘内加装驻车制动机构和在轮缸内加装驻车制动机构两种。其中，在盘内加装驻车制动机构是在制动盘中央的凸起部分加装一个小的人力机械式鼓式制动器作为驻车制动机构，因此该结构称为"盘中盘"或"盘中鼓"结构，一般用于日系和韩系车中。

三、汽车制动驱动机构的类型

汽车制动驱动机构包括供能装置、控制装置、传动装置、制动力调节装置以及附加装置。根据供能装置的制动能源分类，可将汽车制动系统分为人力制动系统、伺服制动系统和动力制动系统。

人力制动系统根据传动装置的结构形式可分为机械式和液压式两种。机械式只用于驻车制动，其控制装置、传动装置主要由杠杆、拉杆、轴、摇臂等机械零件组成。液压式只用于行车制动，控制装置为制动踏板，传动装置为液压式。

伺服制动系统根据伺服能量的不同，可分为真空伺服式、气压伺服式和液压伺服式三种。若根据输出力作用部位和对控制装置的操纵方式不同，则可分为助力式和增压式两类。助力式伺服制动系统的控制装置由制动踏板机构直接操纵，其输出力作用于液压主缸，与踏板力一起对主缸活塞施加压力。增压式伺服制动系统的控制装置由制动踏板机构间接操纵，踏板力控制制动主缸，主缸的输出液压传递到辅助缸，并对伺服系统进行控制，伺服系统的输出力与主缸液压共同作用于辅助缸，辅助缸的输出液压远高于主缸液压。

动力制动系统根据供能和传动装置的形式可分为气压制动系统、气顶液制动系统和全液压动力制动系统。气压制动系统的供能装置和传动装置都是气压式，控制装置大多数是由制动踏板和制动阀等气压控制元件组成的。气顶液制动系统的供能装置、控制装置都是气压式，传动装置是气压与液压组合式。全液压动力制动系统中除踏板机构以外，供能装置、控制装置和传动装置全是液压式。

四、防抱死制动系统（ABS）

防抱死制动系统（Antilock Brake System）简称ABS，作用就是在汽车制动时，自动控制制动器制动力的大小，使车轮不被抱死，处于边滚边滑（滑移率在20%左右）的状态，以保证车轮与地面的附着力在最大值。

ABS主要由轮速传感器，制动压力调节器和电子控制器三大部分组成。汽车制动时，首先由轮速传感器测出与制动轮转速成正比的交流电压信号，并将电压信号送入电子控制器（ECU）。由ECU中的运算单元计算出车轮速度、滑移率及车轮的加、减速度，然后再由ECU中的控制单元将这些信号进行分析比较后，向压力调节器发出制动压力控制指令。制动压力调节器中的电磁阀直接或间接地控制制动压力的增减,以调节制动器的制动力矩,使之与地面附着状况相适应,防止制动车轮被抱死。

ABS 的类型包括四通道式、三通道式、二通道式和单通道式。其中电子式的单通道 ABS 系统已被淘汰。

第二节　汽车制动系统的拆装

一、拆装的目的和要求

1. 掌握汽车制动系统的主要零件名称、装配关系和工作原理。
2. 掌握汽车制动系统主要零件的正确拆装方法。

二、设备器材

1. 鼓式和盘式制动器,桑塔纳 2000 实车一辆。
2. 常用和专用工具及拆装工作台。

三、鼓式制动器的结构简介和拆装

1. 鼓式制动器结构简介

鼓式制动器结构以上海桑塔纳 2000 轿车的后轮制动器为例进行说明,如图 9-1 所示,其为轮缸领从蹄式制动器,兼作驻车制动器。制动鼓与后轮毂用轮胎螺栓连接,制动底板紧固在后桥焊接件的轴端支承座上,底板上固定了制动轮缸支架。其结构特点在于制动蹄采用了浮式支承,制动蹄的上、下支承面均加工成弧面,下端支靠在固定于制动底板上的支承板上。轮缸活塞通过支承块对制动蹄的上端施加促动力。这种支承结构可使整个制动蹄沿支承面有一定的浮动

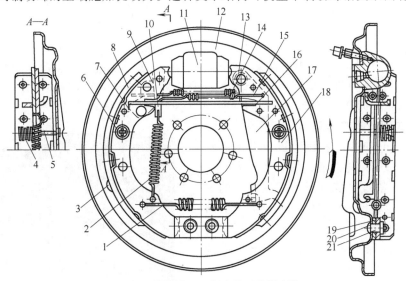

图 9-1　桑塔纳 2000 轿车的后轮制动器

1—制动蹄回位弹簧　2—制动间隙调节弹簧　3—观察孔　4—限位弹簧　5—限位销钉
6—限位弹簧座　7—前制动蹄　8—摩擦衬片　9—楔形支承　10—楔形调节块　11—制动轮缸
12—制动底板　13—平头销　14—驻车制动推杆内弹簧　15—驻车制动推杆外弹簧
16—驻车制动推杆　17—驻车制动杠杆　18—后制动蹄　19—支承板　20—挡板　21—铆钉

量,制动蹄可以自动定心,保证能够与制动鼓全面接触。制动器的制动间隙可自动调节。

驻车制动的结构和工作原理是:驻车制动杠杆17的上端用平头销13与后制动蹄18连接,其上部卡入驻车制动推杆16右端的切槽中作为中间支点,下端与拉绳连接。前、后制动蹄的腹板卡在驻车制动推杆16两端的切槽中。驻车制动推杆外弹簧15左端钩在驻车制动推杆16的左弯舌上,而右端钩在后制动蹄18的腹板上,驻车制动推杆内弹簧14的左端钩在前制动蹄7的腹板上,而右端则钩在推杆16的右弯舌上。

进行驻车制动时,需将驾驶室中的手动驻车制动操纵杆拉到制动位置,经一系列杠杆和拉绳传动,将驻车制动杠杆17的下端向前拉,使之绕上端支点平头销13转动。在转动过程中,其中间支点推动驻车制动推杆16左移,将前制动蹄7向左推向制动鼓;继而驻车制动杠杆17的上端右移,通过平头销使后制动蹄18上端靠向制动鼓,直到两蹄都压靠到制动鼓上,从而实现了驻车制动。

解除制动时,应将驻车制动操纵杆推回到不制动位置,驻车制动杠杆17在回位弹簧(图中未示出)作用下回位,同时制动蹄回位弹簧1将两蹄拉拢。驻车制动推杆内、外弹簧14和15除可将两蹄拉回到原始位置之外,还可以防止制动推杆在不工作时窜动,从而避免碰撞制动蹄而产生噪声。

2. 鼓式制动器的拆装

鼓式制动器的零件分解图如图9-2所示。

拆装前,先播放桑塔纳2000轿车鼓式制动器的拆装视频,或利用手机扫描二维码9-2观看拆装过程,掌握其正确的拆装方法。

二维码9-2

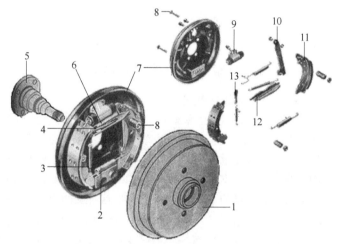

图9-2 桑塔纳2000轿车鼓式制动器零件分解图
1—制动鼓 2—下回位弹簧 3—制动间隙调节弹簧 4—驻车制动推杆弹簧 5—后轮轴 6—上回位弹簧 7—制动底板 8—限位杆 9—制动轮缸 10—驻车制动杠杆 11—制动蹄 12—驻车制动推杆 13—楔形调节块

(1)鼓式制动器的拆卸

1)用17mm的套筒和扭力扳手拆下后轮的4个螺栓,取下后轮总成,如图9-3所示。

2)用十字槽螺钉旋具拆下后制动鼓的定位螺钉,用一字槽螺钉旋具撬开制动鼓上的防尘盖,如图9-4所示。

3)用30mm套筒和弯扳拆下后制动鼓的定位螺母,如图9-5所示。

4)用一字槽螺钉旋具在制动鼓螺栓孔内向上挑拨制动蹄楔形件,用铁锤敲动制动鼓使其旷动,取下制动鼓,取出车轮轮毂,如图9-6所示。

图9-3 拆卸后轮总成

图 9-4 拆卸防尘盖

图 9-5 拆卸后制动鼓的定位螺母

图 9-6 取出车轮轮毂

5）用一字槽螺钉旋具将两个制动蹄下端 1 敲出支承座缺口，依次取下制动蹄的下回位弹簧 2、限位弹簧 3、驻车制动拉索 4 和制动蹄组件 5，如图 9-7 所示。

6）制动蹄组件的分解。取下楔形调节块 5 下端的制动间隙调节弹簧 1，取下楔形调节块。取下制动蹄上端的驻车制动推杆外弹簧 4、驻车制动推杆内弹簧 3 和驻车制动推杆 2 等零件，如图 9-8 所示。

7)根据需要,可以进一步拆卸制动轮缸,其分解图如图9-9所示。

图9-7 拆卸制动蹄组件

1—制动蹄下端 2—回位弹簧 3—限位弹簧 4—驻车制动拉索 5—制动蹄组件

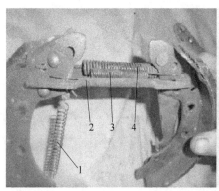
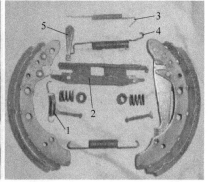

图9-8 拆卸制动蹄组件

1—制动间隙调节弹簧 2—驻车制动推杆
3—驻车制动推杆内弹簧 4—驻车制动推杆外弹簧 5—楔形调节块

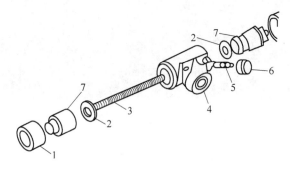

图9-9 制动轮缸分解图

1、6—防尘罩 2—橡胶垫 3—弹簧 4—车轮制动器轮缸外壳 5—放气阀 7—活塞

(2)**鼓式制动器的装配** 鼓式制动器装配时,按拆卸的相反顺序进行,主要步骤

如下：

1) 装配制动轮缸，并将制动蹄与驻车制动推杆装配好。

2) 装上楔形调节块，凸块朝向制动器底板。

3) 将带有驻车制动杠杆的制动蹄装在驻车制动推杆上。

4) 装入驻车制动推杆内、外弹簧，在驻车制动杠杆上套上驻车制动拉索，把制动蹄装在车轮制动轮缸活塞的外槽上。

5) 装入下回位弹簧，并把制动蹄提起，装到下面的支承座上，装上楔形调节块下端的制动间隙调节弹簧（最大允许长度为113mm）。

6) 装入制动蹄限位销、限位弹簧及垫圈。

7) 装配制动鼓。使制动蹄回位，装上制动鼓及后轮轴承，调整好轴承预紧度，用力踩制动踏板一次，使后制动蹄能正确就位。

四、盘式制动器的结构简介和拆装

1. 盘式制动器结构简介

盘式制动器结构以桑塔纳2000轿车前轮制动器为例，如图9-10所示。制动器采用浮钳式盘式制动器，用合金铸铁制造的制动盘8紧固在前轮毂上与前轮一起转动，并夹在制动钳总成1的内、外制动块7之间。制动钳支架由两个螺栓紧固在前悬架支架总成3上。制动钳通过两个导向销浮装在制动钳支架上，导向销和螺栓装在导向销塑料套中，同时螺栓固定在制动钳支架上。

踩下制动踏板时，制动管路的液压升高，活塞在液压力的作用下，将内侧的活动制动块压向制动盘，同时作用在制动钳总成1上的反向液压力推动钳体后移，带动外侧制动块向内压向制动盘8，实现车轮制动。制动块与制动盘之间的间隙由活塞密封圈的变形或位移自动调整。

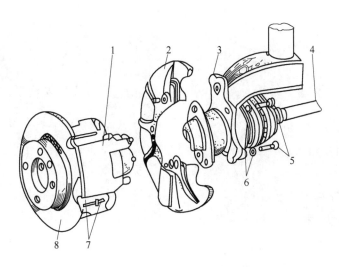

图9-10 盘式制动器安装图

1—制动钳总成 2—挡尘盘 3—前悬架支架总成 4—半轴
5—螺栓 6—弹簧垫圈 7—制动块 8—制动盘

2. 盘式制动器的拆装

拆装前，先播放桑塔纳 2000 轿车的盘式制动器拆装视频，或利用手机扫描二维码 9-3 观看拆装过程，掌握其正确的拆装方法。

二维码 9-3

（1）盘式制动器的拆卸

1) 用 17mm 的套筒和扭力扳手拆下前轮的 4 个螺栓，取下前轮总成，如图 9-11 所示。

2) 如图 9-12 所示，用一字槽螺钉旋具在制动块与制动盘之间拨出些间隙，再用 15mm 的套筒和棘轮扳手拆下两个 M8 的制动钳支架固定螺栓。然后使制动钳总成 3 与制动盘 1 分离，如图 9-13 所示，用 14mm 的呆扳手拆除制动钳上的制动油管，取下制动钳总成。

3) 用十字槽螺钉旋具拆下制动盘固定螺钉，取下制动盘，如图 9-14 所示。

图 9-11 拆卸前轮总成

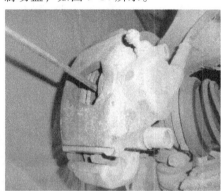

图 9-12 拆卸制动钳支架固定螺栓

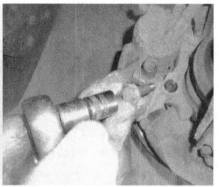

图 9-13 分离制动盘与制动钳总成
1—制动盘 2—制动块 3—制动钳总成

图 9-14 拆卸制动盘

4) 拆下防振弹簧，取出制动块。用 6mm 内六角扳手从制动钳支架上拆下两个 M8 的制动钳固定螺栓，制动钳总成的零件分解如图 9-15 所示。

图 9-15　制动钳总成的零件分解

（2）盘式制动器的装配

1）装配制动盘。旋紧固定螺钉，如图 9-16 所示。

2）装配制动钳支架。用 15mm 套筒和棘轮扳手安装两个 M8 的螺栓，同时把制动钳支架固定在减振器下支承座上。将外制动块安装在制动钳支架上，如图 9-17 所示。

图 9-16　旋紧固定螺钉

图 9-17　装配制动钳支架

3）装配制动钳。用 14mm 的呆板手旋紧制动钳上的制动油管。将内制动块套入制动钳中，用 6mm 的内六角扳手安装两个 M8 的螺栓，同时把制动钳固定在制动钳支架上，如图 9-18 所示。

图 9-18　装配制动钳

4)安装制动块防振弹簧,如图 9-19 所示。

图 9-19 安装制动块防振弹簧

针对带驻车制动的盘式制动器,其结构的拆装可利用手机扫描二维码 9-4 观看拆装视频资料。

二维码 9-4

五、汽车制动驱动机构的结构简介和拆装

1. 汽车制动驱动机构的结构简介

汽车制动驱动机构的结构以真空助力伺服系统为例进行说明,如图 9-20 所示。图中采用的是按对角线布置的双回路液压制动系统,即左前轮缸与右后轮缸为一液压回路,右前轮缸与左后轮缸为另一液压回路。

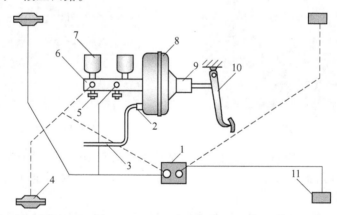

图 9-20 真空助力伺服系统示意图

1—感载比例阀 2—真空单向阀 3—真空功能管路 4—左前轮缸 5—制动信号灯液压开关
6—制动主缸 7—储液罐 8—真空伺服室 9—控制阀 10—制动踏板机构 11—左后轮缸

(1)制动主缸结构简介 制动主缸结构如图 9-21 所示。该主缸相当于两个单腔制动主缸串联在一起而构成。储液罐(图中未示出)中的油液经每一腔的空心螺栓 5(其内腔形成储液室)和各自的旁通孔 10、补偿孔 11 流入主缸前、后工作腔,在主缸前、后工作腔内产生的液压分别经各自的出油阀 3 和各自的管路传到前、后轮制动器的轮缸。

主缸不工作时,前、后两工作腔内的活塞头部与皮碗正好位于前、后腔内各自的旁通孔 10 和补偿孔 11 之间。

当踩下制动踏板时，踏板传动机构通过推杆15推动后缸（第一）活塞12前移，到皮碗掩盖住旁通孔后，此腔液压升高。与此同时，在后腔液压和后缸弹簧18的作用下，推动前缸（第二）活塞7向前移动，前腔压力也随之升高。当继续踩下制动踏板时，前、后腔的液压继续升高，使前、后轮制动器制动。

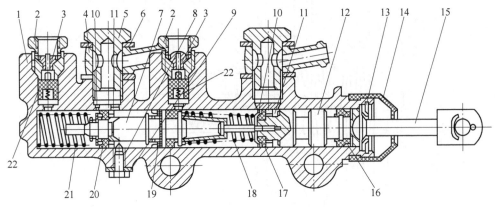

图9-21 制动主缸示意图

1—主缸缸体 2—出油阀座 3—出油阀 4—进油管接头 5—空心螺栓 6—密封垫
7—前缸（第二）活塞 8—定位螺钉 9—密封垫 10—旁通孔 11—补偿孔 12—后缸（第一）活塞
13—挡圈 14—护罩 15—推杆 16—后缸密封圈 17—后活塞皮碗
18—后缸弹簧 19—前缸密封圈 20—前活塞皮碗 21—前缸弹簧 22—回油阀

撤出踏板力后，制动踏板机构和主缸前、后腔活塞以及轮缸活塞在各自的回位弹簧作用下回位，管路中的制动液借其压力推开回油阀22流回主缸，于是解除制动。

当迅速放开制动踏板时，由于油液的黏性和管路阻力的影响，油液不能及时流回主缸并填充因活塞右移而让出的空间，因而在旁通孔10开启之前，压油腔中产生一定的真空度。此时进油腔液压高于压油腔，因而进油腔的油液便从前活塞皮碗20和后活塞皮碗17的边缘与缸壁间的间隙流入各自的压油腔以填补真空。与此同时，储液室中的油液经补偿孔11流入各自的进油腔。活塞完全回位后，旁通孔10已开启，由制动管路继续流回主缸而显多余的油液便可经前、后缸的旁通孔流回储液室。液压系统中因密封不良而产生的制动液泄漏和因温度变化而引起的制动液膨胀或收缩，都可以通过补偿孔和旁通孔得到补偿。

（2）真空助力器简介 真空助力器结构如图9-22a所示，其中控制阀部分放大如图9-22b、c所示。真空伺服气室用导向螺栓5和螺栓17固定在车身前围板上，并借调整叉13与制动踏板机构连接。伺服气室前腔经真空单向阀通向发动机进气管。外界空气经过滤环11和毛毡过滤环14滤清后，进入制动气室后腔。

伺服气室膜片座8由塑料制成，内部有用以连通伺服气室前腔和控制阀腔的通道A，以及用以连通伺服气室后腔和控制阀的通道B。带有密封套的橡胶阀门9与在膜片座8上加工出来的阀座组成真空阀，又与控制阀柱塞18的大气阀座10组成大气阀。控制阀柱塞同控制阀推杆12借后者的球头铰接。真空助力器不工作时，如图9-22b所示，弹簧15将推杆12连同柱塞18推到后极限位置（即真空阀开启），阀门9则被弹簧16压紧在大气阀座10上（即大气阀关闭位置）。伺服气室前、后两腔经通道A、控制阀腔和通道B互相连通，并与大气隔绝。发动机开始工作以后，真空单向阀被吸开，伺服气室左、右两腔都产生一定的真空度。

将制动踏板踩下时，起初伺服气室尚未起作用，膜片座8固定不动，故来自踏板机构的

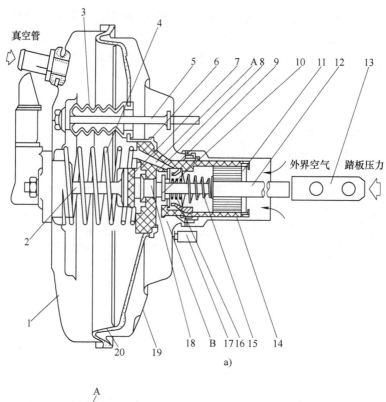

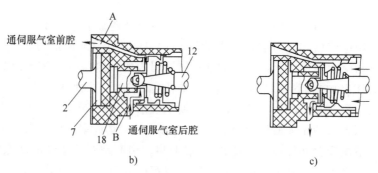

图 9-22 真空助力器示意图

1—伺服气室前壳体　2—制动主缸推杆　3—导向螺栓密封套　4—膜片回位弹簧　5—导向螺栓
6—控制阀　7—橡胶反作用盘　8—伺服气室膜片座　9—橡胶阀门　10—大气阀座　11—过滤环
12—控制阀推杆　13—调整叉　14—毛毡过滤环　15—控制阀推杆弹簧　16—阀门弹簧　17—螺栓
18—控制阀柱塞　19—伺服气室后壳体　20—伺服气室膜片

控制力可以推动控制阀推杆 12 和控制阀柱塞 18 相对于膜片座前移。当柱塞与橡胶反作用盘 7 之间的间隙消除后，控制力便经反作用盘传给制动主缸推杆 2，如图 9-22c 所示。

2. 汽车制动驱动机构的拆装

（1）汽车制动驱动机构的拆卸

1）拆下 4 根连接油管。

2）拆下制动液的储液罐。

3）松开主缸安装罩壳在支架上的紧固螺母，如图 9-23 所示。

4）松开连接制动主缸与真空助力器的两个紧固螺母，使主缸与助力器分离，如图 9-24 所示。

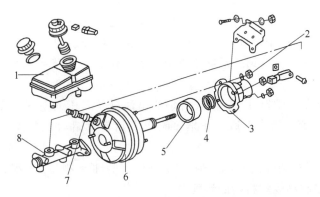

图 9-23 松开主缸安装罩壳在支架上的紧固螺母

1—储油罐 2—支架上的紧固螺母 3—真空助力器安装支架 4—支架密封圈
5—密封垫圈 6—真空助力器 7—真空单向阀 8—制动主缸

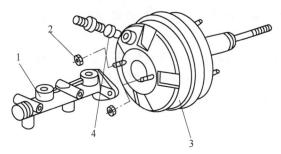

图 9-24 使主缸与助力器分离

1—制动主缸 2—紧固螺母 3—真空助力器 4—真空单向阀

5) 拧松真空单向阀上真空橡胶管的卡箍和管接头，取下真空管。

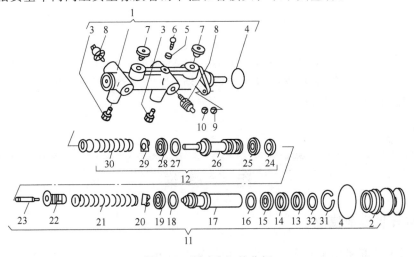

图 9-25 制动主缸的分解

1—主缸 2—防尘罩 3、8—油管接头 4、5、16、27、32—垫圈 6—限位螺钉 7—套管
9—弹簧垫圈 10—螺母 11—第一活塞组件 12—第二活塞组件 13—导向套
14—油封 15、24—前密封圈 17—第一活塞 19、28—后密封圈 20、29—止推垫圈
21、30—弹簧 22—弹簧座 23—螺栓 25—中密封圈 26—第二活塞 31—挡圈

6）拆卸制动主缸。主缸分解如图 9-25 所示。首先拆下防尘罩 2，用螺钉旋具顶住第一活塞 17，再用尖嘴钳取下挡圈 31、取出垫圈 32、导向套 13、油封 14、前密封圈 15 和垫圈 16，取下第一活塞组件，再从第一活塞组件上旋下螺栓 23，取下弹簧座 22、弹簧 21、止推垫圈 20、后密封圈 19、垫圈 18。

然后旋下限位螺钉 6，从主缸后端的出油口吹入压缩空气，顶出第二活塞 26 和弹簧 30，再从第二活塞上取下止推垫圈 29、后密封圈 28、垫圈 27、前密封圈 24 及中密封圈 25。

制动主缸的拆装可利用手机扫描二维码 9-5 观看拆装视频，掌握其正确的拆装方法。

二维码 9-5

（2）汽车制动驱动机构的装配

1）装配制动主缸：装配顺序按拆卸步骤 6）的逆顺序进行。

2）装配真空助力器：真空助力器的输出杆与主缸的第一活塞之间的间隙应在 0.6~0.65mm 之间。为此需要用工具测出主缸上第一活塞的深度（要带着垫圈），再用同一工具的另一端调整真空助力器输出杆的长度。可旋转真空助力器输出杆上的调整螺钉来达到标准，最后旋紧调整螺钉上的螺母。

3）如图 9-26 所示，将真空助力器与主缸装在一起，旋紧螺母，其旋紧力矩为 20N·m。在真空助力器上装上密封套、密封圈并安装支架后旋紧螺母，其旋紧力矩为 15N·m。调整连接叉，使长度 $a=220mm$，再旋紧螺母。

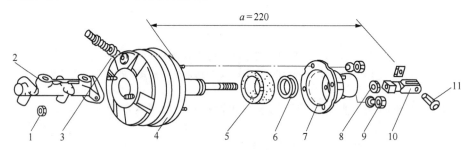

图 9-26 真空助力器连接叉的调整

1、8、9—螺母 2—制动主缸 3—真空单向阀 4—真空助力器 5—密封套 6—支架密封圈
7—制动力加力器安装支架（连接套总成） 10—连接叉 11—销钉

4）装配储液罐和连接油管。

组 合 思 维

一、组合思维的概念

组合思维又称联接思维或合并思维，是指从不同角度、不同层次对思维对象的要素进行重新组合，产生新思想、新创意、新成果的思维。一般来说，将两个或两个以上的事物（包括事物的原理、属性、功能、方法、因素等）组合在一起考察研究它们之间及它们与新组成的整体事物之间关系的思维，称为组合思维。参与组合的事物相辅相成，优势互补，共同发挥作用，组合后不是简单的合成，更应该是质的飞越。爱因斯坦说："组合作用似乎是

创造思维的本质特征。"人们对1900年以来的480项重大创新成果进行分析,发现技术创新的性质和方式在20世纪50年代后发生重大变化,原理突破型成果的比例开始明显下降,而组合型发明开始变成技术创新的主要方式。据统计,现代技术中组合型成果已占全部发明的60%~70%。

二、组合思维的特征

(1) **创新性** 许多科学家认为知识体系的不断重新组合是人类知识不断丰富发展的主要途径之一,从这一角度看,近现代科学的三次大创造是由三次大组合所带来的。第一次大组合是牛顿组合了开普勒天体运行三定律和伽利略的物体垂直运动与水平运动规律,从而创造了经典力学,引起了以蒸汽机为标志的技术革命;第二次大组合是麦克斯韦组合了法拉第的电磁感应理论和拉格朗日、哈密顿的数学方法,创造了更加完备的电磁理论,引发了以发电机、电动机为标志的技术革命;第三次大组合是狄拉克组合了爱因斯坦的相对论和薛定谔方程,创造了相对量子力学,引起了以原子能技术和电子计算机技术为标志的新技术革命。

(2) **正向性** 正向性是指组合要有同一个目标,要优势互补、劣势互抑,要正向地组合,比如"三个臭皮匠赛过诸葛亮",而不是负向地组合,比如"三个和尚没水喝"。

(3) **普遍性** 普遍性是指组合思维是人们普遍应用的思维方式之一,其应用的空间广泛、应用的时间广延,任何人在任何地方都能使用组合思维。

(4) **多样性** 多样性是指组合思维的方式方法很多,使用灵活多变,不拘一格。

(5) **时代性和继承性** 组合思维的创新活动要符合时代的要求,满足社会的现实需求,立足于时代文化科技发展水平,并通过现有事物的组合实现超越。组合的新事物是对原有组合对象的属性、原理、方法的优化或覆盖。例如:飞机+飞机库+军舰=航空母舰;电视+电话=可视电话;数据+文字+图像+声音=多媒体;电子管+电阻+电容=集成电路等。

三、组合思维的方式

组合思维的方式主要有:同类组合、异类组合、重组组合、概念组合和综合等。

(1) **同类组合** 同类组合是若干相同事物的组合。参与组合的对象在组合前后基本原理和结构一般没有根本的变化,往往具有组合的对称性或一致性的趋向。例如:双向拉锁、三合米、鸡尾酒、双排订书机、多缸发动机、双头液化气灶、双层文具盒、三面电风扇、双头绣花针、3000个易拉罐组合在一起的汽车模型、1000只空玻璃瓶组合在一起的埃菲尔铁塔造型等。

(2) **异类组合** 异类组合是两种或两种以上不同领域的技术思想的组合,两种或两种以上不同功能物质产品的组合。组合对象(技术、思想或产品)来自不同的方面,一般无主次关系。参与组合的对象从意义、原理、构造、成分、功能等任一方面或多方面互相渗透,整体变化显著。异类组合是异类求同的创新,创新性很强。例如塑钢门窗、钢筋混凝土、香味橡皮、音乐贺卡等。

(3) **重组组合** 重组组合就是在事物的不同层次分解原来的组合,然后再按照新的目标重新安排进行组合的思维方式。例如,变形金刚式的万能自行车;吸尘器可以有垂直式、手柄式、并列式;飞机的螺旋桨装在尾部就是喷气式飞机,装在顶部即为直升机;现在盛行的企业"资产重组"等均说明重组可以引发质变。

（4）概念组合　概念组合就是以词类或命题进行的组合。例如绿色能源、绿色食品、阳光拆迁、循环经济、音乐餐厅等。

（5）综合　将已有的学科、原理、知识、方法、技术、事物综合在一起，创造出新学科、新原理、新方法、新技术和新事物的思维过程。综合有多种形式：

1）将某种科学技术与不同方法综合。如超声波研磨法、超声波焊接法、超声波清洗零件等，都是这种综合的产物。其中超声波是一种技术，而研磨、焊接、清洗零件等都是不同的方法，将超声波技术同这些方法综合起来，就形成了某种特殊的方法。

2）将不同科学技术与某一种方法综合。如惯性导航、地磁导航、无线电导航、红外线导航、卫星导航等，都是这种综合的产物。其中导航是一种制导方法，而惯性、地磁、无线电、红外线、卫星等则是不同领域的科学技术，将各种各样的科学技术同导航方法综合就形成了各种各样的特殊导航方法。

3）将科学原理与不同技术综合。如超声波原理与不同的技术综合所生成的综合发明创造成果，包括超声波测量仪、超声波诊断仪、超声波雾化仪等。

4）多方位混合综合。为了完成重大课题，将已有的学科、原理、方法、技术、事物全方位综合，是综合的集大成者，它具有系统性、完整性、全面性和严密性。如美国宇航局著名的"阿波罗"登月计划。在美国宇航局的组织下，动员了2万多家厂商，120多个高等院校和科研所，400多万人参加，开发项目1300多个，共耗资250亿美元，历时9年，整个系统共使用300多万个零部件，最终使得美国成为第一个登上月球的国家。

一、课堂训练内容

1. 利用头脑风暴法讨论影响制动力矩的因素。
2. 运用组合思维思考制动器的散热方法。

二、作业和自我训练

1. 作业

1）利用思维导图法画出汽车制动系统的结构关系图。
2）运用组合思维法思考几种主要形式的鼓式制动器的特点。

2. 自我训练

1）制动器间隙的调整方法有哪些？
2）有哪些因素会影响汽车制动器的作用时间？
3）车轮制动力矩对汽车主要使用性能会产生什么影响？
4）制动时避免产生车轮滑移的方法有哪些？
5）现在的汽车发展很快，运用组合思维考虑汽车组合了哪些物品的功能，思考还可以增加什么新颖的功能？
6）比较盘式制动器和鼓式制动器各有什么优缺点。

7）动力制动系统和伺服制动系统有什么区别？

8）思考汽车前轮与后轮理想的制动力分配比是多少？

9）汽车制动时前轮或后轮抱死各自会产生什么后果？

10）利用思维导图法绘出 ABS 的结构关系图。

参 考 文 献

［1］ 陈家瑞. 汽车构造：下册［M］. 3版. 北京：机械工业出版社，2009.
［2］ 陈家瑞. 汽车构造：下册［M］. 5版. 北京：人民交通出版社，2005.
［3］ 肖生发，赵树朋. 汽车构造［M］. 2版. 北京：北京大学出版社，2012.
［4］ 徐安，陈德阳. 汽车底盘［M］. 北京：机械工业出版社，2005.
［5］ 常明. 汽车底盘构造［M］. 北京：国防工业出版社，2005.
［6］ 齐峰. 汽车拆装与维护［M］. 武汉：华中科技大学出版社，2008.
［7］ 李炳泉. 桑塔纳轿车使用与维修手册［M］. 北京：机械工业出版社，1992.
［8］ 赵志勇，杨成宗. 汽车防抱死刹车系统（ABS）原理、结构、检修［M］. 福州：福建科学技术出版社，2000.
［9］ 宋年秀，王东杰，刘超. 图解汽车底盘构造与拆装［M］. 北京：中国电力出版社，2007.
［10］ 朱忠伦. 汽车拆装实训［M］. 北京：人民交通出版社，2003.
［11］ 徐寅生，袭延成. 新编汽车底盘维修图解［M］. 北京：金盾出版社，2006.
［12］ 戴冠军. 图解汽车底盘维修大全［M］. 杭州：浙江科学技术出版社，2000.
［13］ 周维夫. 桑塔纳2000GLS/GLi/GSi型轿车使用与维修［M］. 杭州：浙江科学技术出版社，2000.
［14］ 李庆军，王甲聚. 汽车底盘构造与维修［M］. 哈尔滨：哈尔滨地图出版社，2005.
［15］ 李存金. 大学生创新思维能力培养方法论［M］. 北京：经济科学出版社，2013.
［16］ 王传友，王国洪. 创新思维与创新技法［M］. 北京：人民交通出版社，2006.
［17］ 陈爱玲. 创新潜能开发使用教程［M］. 北京：化学工业出版社，2013.
［18］ 胡飞雪. 创新思维训练与方法［M］. 北京：机械工业出版社，2009.
［19］ 王跃新. 创新思维学［M］. 长春：吉林人民出版社，2010.
［20］ 温兆麟，周艳，刘向阳. 创新思维的培养［M］. 北京：清华大学出版社，2016.